建材·家居·家具

新零售

动作分解

盛斌子 ◎ 著

NEW
RETAIL
PRACTICES

中国青年出版社

图书在版编目（CIP）数据

新零售动作分解. 建材 家居 家具/盛斌子著. —北京：中国青年出版社，2019.5

ISBN 978 -7 -5153 -5539 -9

Ⅰ.①新… Ⅱ.①盛… Ⅲ.①建筑材料—零售业—运营管理 ②家具—零售业—运营管理 Ⅳ.①F717.5

中国版本图书馆 CIP 数据核字（2019）第 052125 号

新零售动作分解. 建材 家居 家具

盛斌子 / 著

出版发行：中国青年出版社

地　　址：北京市东四十二条 21 号

邮政编码：100708

责任编辑：刘稚清

封面制作：仙　境

印　　刷：河北宝昌佳彩印刷有限公司

开　　本：710 × 1000　1/16

印　　张：14.75

版　　次：2019 年 7 月北京第 1 版

印　　次：2019 年 7 月第 1 次印刷

书　　号：ISBN 978 -7 -5153 -5539 -9

定　　价：199.00 元

导读

提到新零售，多数都是谈理念、思想、观点、感想、国家战略、宏观分析……这当然好，功莫大矣，但仍不够。

为什么？

广大的读者（企业销售人员、市场人员、经销商、店长等）最大的渴望是：**不仅要知道新零售是什么，更迫切地想知道，新零售如何变成营销策略与动作用来落地实践，变成日常的应用策略与招数，产生销售力。**

所以，本书不多谈思想、观点、理念，主要谈策略、方法、招数、工具。

本书的出版初衷，立足销售实战，做到两个第一：

第一本谈新零售的具体动作、策略、方法、招数的书；

第一本锁定在家居建材、家电、家装等耐用消费品领域谈新零售的书。

本书分六个章节，分别对泛家居行业的趋势、店面管理、团队管理、促销推广、五感营销等提供了有效的策略与实操方法。

第一章是关于家居新零售的大趋势与关键技术的内容。重点探讨了家居新零售的热点与关键词，以及家居新零售的关键技术，包括家居新零售的新型消费特点、趋势、全屋整装、拎包入住、智能家居、个性定制、互联网家装、精装房策略等。

第二章与第三章分享了作者在实际工作中如何设计五感的诸多资料，以及新零售的关键技术与策略的运用，包括全网引流与成交，如何通过新零售的技术与策略寻找客户、吸引客户、黏住客户、成交客户、转化客户等。

第四章是新零售理念与技术在店面靓化过程的应用，包括日常店面的靓化技巧、促销活动中的靓化技巧等。作者试图在此章中梳理出靓化的普遍规律，从而指导实战。

第五章是新零售的理念部分在团队管理中的应用，包括团队培养、会议管理、日常管理、团队激励等。

第六章是新零售的理念与关键技术与策略如何实操。在本章中，有技术层面的创新，如促销策略设计、促销工具与引流方式创新等；也有理念层面的创新，如促销的战略定位不再只是技术层面，也可以上升到战略层面。

本书适合对象：泛家居建材、家电行业的各级管理人员、营销人员、市场策划人员、销售管理人员，各类经销商老板、操盘手、店长、导购与业务员，也适合流通领域的其他行业各级营销人员、管理人员参考与借鉴。

赋能新零售，动作分解

关于新零售的书，这两年如雨后春笋般出版，一如当年O2O的书火爆一样。书好书坏，读者也只有凭借自己的一双慧眼去辨别。

客观地讲，现在市场上关于新零售的各类书籍几乎都是关于新零售的各种解释、思想、观点、体会。

诚然，这类新零售的书也很好，也有适合的阅读人群，也是作者智慧的结晶。读者看完这类新零售的书，获得了很多心得、体会、感想。至于如何去做，需要读者结合自己的感悟，落实到行动。

但是我想，这还远远不够，对于广大的销售同仁及各级经销商而言，不仅希望阅读完一本书获得一些感想与体会，**更希望看完马上用，随时看完随时用，遇到问题马上用。这类书不多谈思想，更多地谈策略、招数、销售动作。**

我固执地认为，当一本营销与管理类书覆盖的范围越广，阅读的对象越多，这本书的内容必然越空泛，越不具备实际操作的效用。一本书适合所有行业所有人员阅读的时候，必然泛泛而谈，无所指又无所不指。**"一米宽的距离，一公里深"才是专业之道，才是工匠精神。**

所以，我决定锁定新零售这一课题，写一本泛家居（家居建材、家电）领域销售实战类的书，这样才可以写深写透，才具备操作层面的意义。需要强调的是，既然是落地实战类的书，强调的是可操作性，太新则无法落地，思想可以新锐，但现实则强调可操作性。所以旧有的东西并不意味着一无是处，借助新零售的技术，如微信、LBS、大数据、二维码、移动支付、AR/VR 场景技术，旧有的一些物料或者技术，如单张、海报、折页、传统促销活动、店面靓化反而可以破局重生。本书除了谈新零售之"新"，还有一些看似不新的东西，比如店面日常管理、店面靓化、精准促销、常态化的物料等。

细心的读者也许会发现，每个看似"旧"的东西，其实在思想层面我都做了很多创新的努力。同时，借助新零售的技术，这些创新的思想依然可以在新零售时代魅力四射。

所以，我谈的是新零售，但落脚点却是"动作分解"，新的思想与技术如果不能转化为家居建材、家电行业现实的操作与执行，我也只有忍痛割爱。同样，旧有的东西如果能与新零售的思想和技术结合，变得具有可操作性，我也会选而用之。

带着这种朴素的想法，遂有此书的构想。近两年反复构思，甚至无数次有放弃的想法（觉得自己没必要蹭热点），幸得同仁的鼓励，加之自己的虚荣心与情怀的驱使，遂成此书。

写书的过程，恐怕痛苦多于快乐，比如，每次写完一个章节，过几天总是有新的想法与思路出现，于是重新审视旧文，然后再修改，如此循环往复，似乎永无宁日。没办法，谁让自己是个追求完美的人呢？

什么是新零售？

我在本书中对新零售没有做终极定义，也不敢、更无法对新零售做终极定义。移动互联网时代的新零售在不断进化，我只能把自己实践的、观察的、体悟到的关于新零售的内容集结成册，为广大读者奉献一份关于新零售动作分解的大餐。未来新零售如何进化，我们拭目以待。

最后，我要感谢我的家人（我的妻子与我的小女宁萱及小儿宇然），感谢我的朋友，特别要感谢咨询界的朋友与同仁。本书在写作过程中，所有的借鉴与引用部分，我都注明了出处。感谢互联网，让我在浩如烟海的信息中可以快速搜索并找到有用的信息。

需要强调的是，由于才疏学浅（绝非谦虚），书中缺点与疏漏在所难免，只有留待自己的能力与眼界不断升级时再版校正，也希望广大的营销同仁不吝赐教。

盛斌子
2018 年 7 月 26 日星期四下午于顺德华厦新城

目录

延伸阅读 | "新零售" 是什么物种

第一章

家居新零售运动，无限风光在险峰

　　新零售是最近比较火的词，一如当年更火的O2O，那么什么是新零售呢？我在网上搜索了十几个版本，其中一个是大多数人接受的，百度百科与知乎的版本如下：

　　新零售，即企业以互联网为依托，通过运用大数据、人工智能等先进技术手段，对商品的生产、流通与销售过程进行升级改造，进而重塑业态结构与生态圈，并对线上服务、线下体验及现代物流进行深度融合的零售新模式。

　　这个定义传达出了几层信息：

1. 以互联网为依托

　　严格来说，是以移动互联网为依托。因为PC互联网20世纪90年代末期在中国就已经很普遍了。移动互联网的关键技术，比如二维码、LBS、移动支付、人工智能、VR、AR、大数据、云计算等，在移动端发挥的效力才更大。

2. 运用大数据、人工智能等先进技术手段

这话当然是对的，不过还没说完，这里的先进技术不只是大数据、人工智能，还包括二维码、LBS、AR、VR，以及集多种技术应用于一身的各类 APP 等（以微信、微博、快手、抖音、今日头条、行业基于微信端开发的应用程序等），在家居建材、家电领域更是如此。为什么这么说呢？因为家居建材产品是个性化消费、深度体验、全程服务类的产品，因此，基于大数据对消费者全程管理，在有限的空间为消费者进行无限的情景展示及后期的会员管理与服务，都对先进技术有强烈的依赖性。

3. 重塑业态结构与生态圈，并对线上服务、线下体验及现代物流进行深度融合

这话写得比较好，这是新零售的最终目的。家居建材行业也是这个方向。移动互联网主导的新零售，由浅入深，可以理解为三个移动互联化。一是传播全网化（天网、地网、人网）；二是销售全网化（任何一个接触点马上升级为销售网点）；三是供应链移动互联化，比如当下的热点名词如"F2C""C2C""C2B"等。

新零售为什么这么火？一个词要想火，合适的时间点很重要，因为合适的时间点契合了当下社会的发展脉搏或者痛点。于是顺势而为，把很多人想说而不可得的东西表达出来。这是当下互联网语境里，某个词或者某个现象突然火起来的原因。

当然，没有新零售这个词，并不意味着没有新零售这个"实"，社会发展有其自身的规律，新零售涉及的一些核心概念与实际应用依然会蓬勃发展。

一、家居新零售关键词（上）

关键词一：新兴中产阶层强势崛起

这几年随着自媒体的兴起，娱乐化的、标榜自我的视频、段子，话题营销越来越多，微信、微博成为大家的秀场，一批以90后为主战场的QQ空间、快手、抖音等APP更是将娱乐进行到底。千万不要站在长者的角度看待这群新锐青年，他们代表着一股不可忽视的力量。人群越来越部落化，他们将决定中国未来的走向。

当然，随着自媒体的兴起，阶层的不断分化组合，新兴的中产阶层在自媒体重构的生态系统里茁壮成长。那么，什么才是新中产这一人群定位的全貌？

从消费观的角度来看，新中产的特征包括了几个方面：

• 80后，接受过高等教育，来自一二线城市的人居多；

• 消费观念升级，更喜欢体验类、个性服务、私人定制；

• 以自我为中心的价值观；

• 学习与自我提升是最普遍的需求，普遍患有知识焦虑症。（罗胖团队旗下"得到"APP便是知识焦虑症下碎片化学习的体现。想了解新兴中产阶层，这款APP就是代表）

新兴的中产阶层审美取向偏重于讲究极简、科技感与美学的结合，营造空间细节充盈的品质与美感，乔布斯抓住了他们的审美倾向。比如近几年家居行业流行的北欧风、原木风格等。

新零售的火热、整装的崛起、全屋定制热潮的蔓延、软装的快速迭代与升级，软装的时装化，都与中产阶层的快速崛起有关。

泛家居行业开始把握住"新零售"主旋律的创业者大有人在。连房地产企业也开始涉足家装领域，或者投资，或者并购，或者自建，或者品牌授权，也尝试分享家装业的蛋糕。

碧桂园旗下的"橙家"就是代表，橙家深谙"中产之道"，推出了"家居快时尚"概念，借助不一样的"连接方式"（比如超级体验店，记住了，不是品牌为主的品类体验，而是跨品牌与品类的"风格化情景体验"，而这对于家装而言，才是真正的体验），来提升人们的生活品质。

轻奢是中产追求的风格取向，所谓轻奢，可以理解为"低调的奢华""有品位但不张扬的奢华"，这也确实符合新兴中产阶级的审美，尤其进入移动互联网时代，这个阶层的人关注的是自我生命的表达、品质感与舒适感。伴随着他们的持续壮大，重视工艺上的个性化和品质化、能够增强生活体验感并具有功能搭配属性的家居产品，有望在行业内率先走出一条属于自己的路。

中高端产品数量的日益增多也是行业内的一个非常显著的变化，比如对于厨房，亚克力、烤漆等材质的橱柜产品越来越普遍，有的叫轻奢，有的叫现代简约，总之都是"快时尚"的范畴。

因此用工匠精神将产品做得精致、极致方为新兴中产阶层所接受。我们也发现，越来越多的产品中增加了智能化、年轻化的元素。比如抽油烟机的智能升降，可联网，可听音乐，可看新闻等，比如家居智能机器人等，而在外形方面，拥有专利的各厂商纷纷给产品赋予了更具科技感的外观，同时也增强了产品使用的便捷性。

人与人随时连接，人与物随时连接，物与物随时连接，以人为世界的中心，以个体为世界的中心，万物皆备于"我"，产品与技术的背后是人性与哲学。这就是移动互联网时代的新兴中产阶层的产品价值观取向。

关键词二：全屋整装，拎包入住，"放心与省心的人性家装哲学"

一般而言，我们理解的装修主要分全包与半包，但都是针对装饰主材来讲的。半包，就是人工、辅料，不含主材；全包就是涵盖了瓷砖、卫浴、木门、橱柜、衣柜、吊顶等各类主材。硬装之后是家具、家电和软装，通常都是消费者自己去家具城、家电商场或网上购买。

随着装修消费的年轻化、时尚化、智能化、重体验化，尤其是互联网思维带来了全新的理念，家装公司越来越演化为平台模式，即演化为一站式采购、设计服务平台（或者供应商）。平台的产品延伸几乎是无限的。因此，一些家装公司整合了家具软装和家电，甚至新风系统、智能产品等给装修业主提供拎包入住的整装模式。

整装装修公司给消费者提供的不单单是设计、施工和材料代购服务，是卖给客户一个完整的居家解决方案，消费者找家装公司将不仅仅是装修，而是去买"成品家"。

对于新兴中产阶层而言，由于生活节奏越来越快，没有时间花在单个的主材选购上，因此，整装是他们决定是否选择某个家装公司的关键因素。除去硬装和软装，部分家装公司还将家电、维修等资源引入整装套餐中。除此之外，新风、净水系统的引入也逐渐成了家装中必不可少的项目，甚至将来风水、绿化等也将逐渐融入，为的是进行更完善的产品包升级。

家居的发展本质上是移动互联网时代的技术升级与迭代。未来的全装拎包入住当然不是现在的模式。也许未来无须传统意义上的家装，而是拼装，即装修前，家居的吊顶、厨卫、客卧、儿童房、书房、阳台过道等均是模块化拼装。甚至模块化拼装也未必是终极出路，据说3D打印是王道。

未来会怎么样？究竟谁能完全确定？

需要着重强调的是，在传统PC互联网时代，整装其实也是很大一部分中高端消费者的心理需求，甚至可以极端地说，是大部分人的深层心理需求，但为什么在传统PC互联网时代，整装只是表现为一部分高端人群购买行为呢？说白了，还是价格杠杆在起作用，因为高端人群其实对价格并不敏感，他们的强势需求主要表现在品牌、品质、审美等个性化追求上面。

而家装领域，尤其是主材，价格层面水很深，消费者不可能将主材完全依托于家装公司或者设计师。因此，主材自购模式，曾经是主流采购方式。

锁定移动互联网时代的新兴中产阶层，整装就不再是传统意义上的整装了，现在的整装，包括拎包入住，更多的是一站式采购的"产品包"，比如 699 元/平方米、1699 元/平方米、2999 元/平方米等。消费者不管你每种材料的具体价格，具体用量，具体工时，反正全屋整装，锁定品牌与品类、型号，一站式采购，价格套餐一次搞定。

关键词三：大数据指导下的个性全屋定制

全屋定制和整装（或拎包入住）的区别在于：全屋定制相当于整装的一个子模块：全屋定制加上基础装修非定制的部分，外加软装、家电、新兴智能家居系统，甚至包括风水、绿化等，就形成整装。

从近年家居企业上市潮中可以看出，定制家居企业成为主力军。如今，定制家居进入了快速成长期，成了近年家居行业中提及频率较高的热词。

由于定制市场前景诱人，很多企业由开始的橱柜、衣柜等单品定制逐渐延伸到全屋定制业务，包括吊顶、背景墙面、门窗等，使定制家居市场竞争越来越激烈。

定制家具对测量、设计、工艺、安装等要求都很高，考验的是企业或者经销商的综合能力。而行业竞争加剧，市场需求火热，让一些发展过快的定制家居品牌难免有些"速成感"，变得粗线条，少单、错单、货期长几乎成为行业顽疾。所以，定制家居品牌的核心竞争力关键因素是对订单的管理能力。

移动互联网时代主导下的新零售不仅是全屋定制这么简单，更多的是智能应用技术主导下的供应链重组，营销方式重组。

不过，这都不是未来个性定制的巨大风口。我认为这个巨大的风口是硬装之后的"软装一体化升级"。全屋整装整合的产业链比较多，现在竞争对手太多了，大家都在玩整装，实际上真正剩下的人不会太多。

为什么这样说？因为精装房会出现在大多数省会和中心城市及地县市场，成为国家的一项政策，所以，未来家居硬装这块空间会越来越小。而个性定制的软装，由于消费升级的原因，会越来越有广阔的市场。

个性定制的软装不是零零散散的一些产品，而是基于消费者的个性需求定制的一体化软装。比如家具、饰品、窗帘布艺、家纺、家居小件、日用陶瓷等的组合套餐。就像每个人每天出门要换衣服，要化妆一样，家居的软装也会随着不同的场景进行切换：

比如，春、夏、秋、冬是四种不同的场景，可以更换软装。

比如，家庭的派对、聚餐、读书等也是不同的场景，可以切换不同的软装。

总之，软装不仅仅是把家里氛围给活跃起来，而且是个性的一种表达方式。以后家庭的软装升级就像每个人更换衣服一样，会很普遍。所以，软装的时装化应该是指日可待。

如果说硬装一般是 8～12 年重装，软装就是家居里面的快消品。软装的本质是家庭美容。销售的角色是家居美容顾问。

所以将来的门店设计、通路设计、推广方式都会因为这种定位发生变革。从这个角度讲，软装一体卖的不只是产品，而是产品"形而上"的东西。

关键词四：智能家居，比你更懂你

现在人工智能、互联网技术、大数据云计算的发展越来越快，新的"算法"升级迭代也越来越快，所以未来智能家居产业出现跨界融合，整合新技术求发展是必然趋势。对于企业来说，洞察行业变革的趋势、及时调整发展策略，才能占尽先机，立于不败之地。智能家居，就是多种新型智能技术在家庭的应用。

比如，以海尔 U－home、斑点猫、米家全屋智能为代表的全屋智能家居品牌，纷纷用简洁统一的场景交互，刷出了智能家居场景化着陆的新高度。经过多年的积淀，海尔 U－home 的"智慧住居"已经形成了一个完整的智能家居生态。

在小米平台，打着各种智能家居名号的品类更是层出不穷。

与市面上很多智能产品"各自为政"不同，未来的智能产品应当是一键式互联互通的，用户可以使用一个 APP 控制所有的智能产品。随着生态链的完善，未来智能灯控、家庭安防和消防、智能窗帘、智能温控、智能影音、扫地机器人、空气净化、净水、家庭健康等生活的方方面面都将融合为一体，高效协同。

需要强调的是，家居智能化，不仅是人性化关怀的必需与必然，更是流量的入口，通过智能家居中的人机互动，实现了大数据在云端的共享，从而为智能的进化提供强大的数据资源支持。未来，必定有一只看不见的手——人工智能，不对，脱离了人工干预的自演化智能，按照自己的逻辑去演化。人只是它的上帝，但人造机器后，机器智能生命的演化却有着它自身的逻辑。

关键词五：互联网家装，时来天地皆同力

家装一直是互联网非常垂涎并且想颠覆的领域之一，谁都知道市场很大，消费者的抱怨与投诉最多，个中的水很深，尤其又处于消费升级

的节点。所以创业者和投资人在近几年都纷纷涌入这个市场，寻找能够突围的机会。这几年，以小米、阿里、网易等互联网巨鳄为首的资本纷纷进入此领域。

但现实是，虽然市场上出现了小米家装、齐家网、有住网、爱空间、土巴兔等一批互联网家装公司，但实际上并没有对市场造成多大的冲击，"花钱买吆喝，叫好不叫座"是互联网家装的现状。事实是，更多消费者还是选择传统家装公司进行家装服务。主要的原因，我认为，现有的游戏规则水太深，不太容易撼动传统家装市场，当然更主要的原因是传统家装都有自己独特的行业属性，这些属性在某种程度上制造了竞争的门槛。纯电商很难满足细分市场的需求。只有在这个行业积淀了很多年，而且懂得个中门道的人，才能够真正打造以行业为属性的平台。而这些特点或者说要求，是只在大众电商平台工作过的人不具备的。

不可否认，现在所谓的互联网家装影响力越来越大，但还属于烧钱的阶段，赢利的互联网家装企业可以说几乎没有，将来真正尘埃落定的时候必然会出现很多问题。

许多传统家装公司以为做电商、搞互联网营销就是转型，其实远不止如此，互联网家装不只是传播层面的互联网化，更多的是基于消费者洞察层面的产业链的重新打散、重组、融合与创新。

一般来说，能称得上互联网家装的有以下三种模式：

1. 围绕设计方案、施工资源共享型产品，工具属性强

在家装环节中某一环节切入，重度垂直细分，直接交易场景单一。实际上，这种模式有点类似于"家装黄页"，解决的是信息不透明的问题，互联网家装的色彩不浓。

2. 自营装修平台，做局部供应链整合

装修方案产品化、价格套餐化、施工流程化，突出每个环节可控；压缩中间重复环节，缩短工期，进度及时反馈给业主。例如爱空间、有住、家装 e 站。

3. 撮合交易型家装平台，一般上游具备房源、设计、建材、家居供应链、金融系统资源，或下游有庞大用户资源

规则制定，招募线下传统家装公司、设计公司入驻，线上做建材家居贸易，形成一站式采购与服务。

二、家居新零售关键词（下）

关键词六：人机交互系统赋能门店

为充分发挥各个细分品类在 B2B 线上平台的展示、采购、设计、引流、VR 场景化体验等功能，真正做到小空间实体店、无边界的体验与服务，让"店 +"模式真正落地，很多企业赋能自己的实体店以"超级平板"（或者其他智能设备），利用数字化营销方式为线下门店助力。将线下体验店、社区店、样板房与线上的大众电商、自建电商、个人微商打通。

当然，"超级平板"本质还是平板，无非是增加线下的互动与体验。单纯说功能，"超级平板"与一般意义上的平板电脑其实是一回事儿。也许"超级平板"只是在功能上更加"薄（厚度）、大（规格）、精（像素）、深（视距）"而已。

大平板可触屏操作，互动性强，是门店或活动营销现场演示与成交的绝佳硬件配置。与小平板联合而成的人机交互系统，可使设计方案演

示与效果体验更直观，设计师与客户间的沟通更便利，方案的修改批注与保存更及时，产品与方案分享更便捷，多方面重构线下门店的消费体验场景，最大化提升消费者购买产品及服务全过程的体验感受，从而提高门店成交率。

同时，利用手机桌面的 APP 入口，比如微信端或者企业的自建商城 APP，就可以远程对接企业的超级平板，进行一对一的全景沟通，比如对话，比如直接发送 720 度 AR 图等。

这个时候，企业其实存在两类门店，一个是线上 360 度 VR 体验店，空间大、展示全、应用广，互动性强，消费者基于线上平台还可自主设计与自主 DIY（自己动手做）。另外一种，当然是线下体验店，线下体验店是集销售、体验、展示、服务、推广、沙龙活动、培训等为一体的实体店。连接线上与线下的是扫码进入 APP 或者企业的自建商城。

这样，我们就可以畅想一种或多种购买场景。

消费者产生家装需求，这个时候，他必然开始了解信息。传统装修时代，他可能亲自去专业市场选购，或者他去线下的家装公司直接咨询。现在，移动互联网时代的家装场景可能是这样的：消费者产生家装需求后，他可能第一时间就已经收到家装门店或者家装公司的设计稿，而且是 AR 情景展示。这个时候，消费者对 AR 可能产生兴趣，于是他开始下载某品牌的 APP，或者直接进入企业微信端的商城。基于地理位置的定位，他开始搜索到离他最近的 N 个体验店的具体方位，他还可以进入 APP 中的粉丝或者会员社区，进行在线了解。

这时候，通过对品牌的在线了解，搜索店址，业主发现离他最近的有 N 个体验店，因此，他准备去离他最近的或者网上点评最好的店去感受一下，在途中，他看到了公司的广告，或者收到公司的宣传资料，也可能在户外看到了公司的推广活动，通过扫码，他又享受到了公司的优惠活动。因此他离购买又近了一步。

经过综合分析与判断，消费者终于产生购买行为并成为公司的会员，被企业纳入会员管理体系。

当然，移动互联网时代，所有的接触点都可以是销售网点，比如，在线下的网点当中，还有不开设新实体店的经销商或个人设计师，在没有产品样板的情况下，可以利用平台的 3D 游走功能让消费者看到及共享各大品牌工厂甚至其他实体门店的展厅，也可直接向上游集结，截流终端，主动营销，入驻楼盘小区打造样板房，提供拎包入住服务。

利用"样板房 + 人机交互系统"的组合，以样板房精选家装套餐展示拎包入住效果，依托平台的强大产品储备满足消费者个性化需求。在商品住宅全装修愈来愈盛行的当下，这能助力家装企业、建材家居门店等打造新的利润增长点。

关键词七：无人零售，想说爱你不容易

无人零售现在成了焦点，这股热潮逐渐蔓延开来。居然之家旗下的EATBO×无人便利店在北京首先落户，开店便人潮汹涌，民众好奇是一方面，另一方面也是趋势使然。技术的成果使得无人零售在家居建材行业不仅是想法，更是技术层面可以落地的东西。

不过，无人零售带来方便的同时也存在隐忧，最典型的是无人介绍，缺乏情感层面的交流，无法把握人性当中的细微之处。家居建材是参与度高、关注度低的产品，决策周期长，如何针对这一品类的消费者特点，在没有导购的情况下，快速缩短决策周期也是个问题。

针对建材无人零售潜在或已出现的问题，不少业内人士、科技工作者提出了一些值得参考的解决思路。这些思路主要集中在以下几个方面：

商品"由浅入深"。制约建材产品实现无人零售的问题主要集中在选购环节。由于消费者在无人零售店难以获得商品全方位的介绍，无法有针对性地进行选购，短期内对店内商品"降级"不失为一种战略上的新选择。**"降级"并非降低商品质量，而是以售卖常见的或小件的建材家居产品为主**。例如灯具、桌椅、墙纸、五金等对消费者而言更普遍、更基础的商品。采用这种方式一方面降低了无人店内商品介绍的难

度，另一方面，借助智能化的导购设备，只要消费者进入产品感应区，智能导购系统自动以温馨的语言、极致的画面、AR 体验、温馨的音乐，将产品的风格、工艺、审美、应用效果介绍出来。或者智能终端可以增加人机手动交互，消费者只要对某一风格的产品感兴趣，直接触屏，导购系统启动，人机开始对话。

要解决上面的问题，还有更重要的解决之道，即无人零售门店陈列、应当是跨品类的情景体验间，这种展示方式，展示的不只是一个个单独的品牌，更是这些品牌的组合应用效果。消费者只要进入实景体验间，可以自己戴上 VR 眼镜，在虚拟的空间里自由地穿插行走，自主地DIY。智能设备的屏幕会自动显示产品的风格、审美、工艺、参数等。

其实，无人零售是科技，更是人性关怀。只有对人性的深刻洞察，才能把握新零售的尺度。

关键词八：精装房，青山遮不住，毕竟东流去

现在，全国精装修楼市的发展趋势开始从经济发达的一线城市向全国各地扩张，先是发达的省会及中心城市，最终是全国各地。从目前的趋势来看，精装政策已上升到国家政策的层面。精装作为大趋势，锐不可当。

二次装修造成巨大污染和浪费，还会影响房屋质量。全装修的优势，一是通过集中采购，确保买到不是贴牌的产品，而且价格比较有优势，对购房者来说，节省了装修成本。二是降低了一户户装修带来的噪音污染、建筑垃圾等问题。个人装修的"大拆大改"往往会破坏主体结构。随意拆改墙体的现象非常严重。有的住户为利用墙体做壁柜、橱柜而拆掉部分或整片承重墙。有的拆掉连窗墙体或卫生间墙体，这些做法都严重削弱了墙体抗震能力。

个人装修易造成资源浪费，散户装修更换洁具、坐便器、电器开关、插座、灯具、门窗和暖气片等造成了浪费。装饰公司管理不严，会将剩余材料当作垃圾处理，浪费现象严重，产生的大量建筑垃圾无法回

收处理。

同时，拿到手的精装修房子，如果后续有一些要改动，也是个麻烦事。怎么满足消费者个性化的需求是个问题。新的玩法是，楼盘联合第三方家装公司，为每个户型提供 3 种备选套餐。当然，精装修政策是大势所趋，装饰公司、材料厂家是不太可能放过这杯羹的，所以，有前瞻性的装饰公司或者材料厂家，应当提前布局，进入开发商的招投标目录。有远见的材料商或者装饰公司可以与房产商联合组建隶属于其旗下的装饰公司。

值得强调的是，精准修对主材商而言是挑战，也是机遇。

不过，材料商包括我们的经销商，考虑的多是挑战，而不是机遇。我倒不这样认为。精装修这一政策下，机遇的风口还是很大的。

比如，全面实行精装修以前，现有的存量毛坯房还是很可观的，市场真正把它们消化完还是多年后的事情。同时，中国目前的存量房市场已经售出却未装修的毛坯房仍是一个存量很大的数据。

比如，就算精装修政策已经到来，但墙面与软装的部分仍是一个很大的市场。主材部分比如瓷砖上墙，仍是一块市场。

比如，越是高端的市场，越是个性化消费，精装对他们而言，重新升级几乎是必然的。

比如，在居住达到平均 8 年以后，将迎来二次重装的黄金机遇。

比如，农村城镇化建设，城中村改造，这类房应当不属于精装的范畴。

比如，精装之后的软装，随着消费业态的成熟，将迎来巨大的机遇，软装的个性化与时装化，在精装之后，将催生出更多商机。

比如，精装政策之后的工程市场仍然是一片蓝海。

关键词九：家微装，又一波财富风口

新房装修，总有日渐萎缩的一天，这其实也是大趋势，试想有哪个国家永远像中国一样新建房层出不穷？目前的北上广深、其他省会及中

心城市，由于限购的原因，一手房的交易已经开始出现萎缩，这也意味着存量房（已建好未售出，已售出但空置，已精装出租）的二次精装或者豪装、改装将迎来新的风口。

同时，从消费者的实际需求来看，在消费升级的时代，老式的装修已经很难满足品质生活的需求，老式的装修首先是审美跟不上，其次是材料跟不上。人们越来越看重房屋的结构布局和设计感，硬装之后的软装，软装之后的风水、新风系统等的个性化私人定制，使得旧房改造和二手房、二次装修刚性需求不断扩大。

其至有圈内朋友坦言，这部分业务已经超过新房装修，预计未来两年，这一趋势将更加明显。新零售的二次装修市场，一些公司不仅开辟实体门店和网店，更是在大型小区驻点营销，建立社区店，利用大型触屏，构建 AR、VR 体验店，吸引社区内的业主。

和新房一样，目前旧房装修业务模式也是分为大包、半包和捆绑销售三种。业内人士认为："半包模式将施工及种类繁杂、价值较低的辅料采购交给装修公司，消费者自行采购主料，因此可以控制装修的大部分费用，非常受普通消费者青睐。但正是因为主、辅材的采购权分开，一旦出现环保等问题，责任不易界定。"

不过，二次装修市场不一定是重装，我认为，巨大的风口其实是微装。什么是微装呢？我理解的微装是"轻装修"——不是像毛坯房一样装修，而是硬装的局部处理，软装的全面或者局部更新。

比如，地面不动，墙面极速翻新。

比如，硬装不动，软装全面"时装化"，像换衣服一样更换软装。春夏秋冬，不同的场景换不同的软装。

三、新零售技术革命

新零售的技术革命有哪些？

1. 二维码，移动互联网时代的新零售连接点

毫无疑问，二维码是移动互联网时代应用最广泛的技术，是新零售连接线上与线下的技术入口。二维码的作用就不多说了，因为二维码的存在，使得所有的接触点都变成销售网点。因为二维码的存在，使得渠道越来越碎片化，因此全网营销在这个时代成为必然。

不过，从纯商业的角度说，大多数公司在进行商业活动的时候，其实并没有用好二维码。为什么呢？

要想用好二维码，必须要有两个关键因素：一是有注目率；二是有互动。否则要想用好二维码，就是一句空话。

为什么要有注目率，原因极其简单，因为这是一个注意力的时代。信息满天飞，凭啥注意你？没人注意你，促销内容再精彩，都不会有太大的效果。

二维码要想有效果，第二个关键因素是要有互动。如图 1－1 所示，没有互动，即使消费者被你吸引，发现内容本身没有吸引力，对消费者的黏性仍然是不够的。什么是互动？说白了就是要有好处。消费者现在被商家养得越来越精，没有好处的事情，谁愿意干？

所以，我们发现，好的二维码营销活动，往往符合圈子＋话题＋互

图 1－1　二维码推广现场

动＋二次转发的特性，什么是圈子？物以类聚，人以群分，不同的人以兴趣、爱好、职业、追求、共同利益等聚集在一起形成的常态化群体，都可以称之为圈子。比如旗袍圈子、协会圈子、酒会圈子、商会圈子、读书会圈子等，针对特定的圈子，组织特定的话题，这个话题必须是具有强黏性的，否则，对圈子特定的群体就不会有多大的吸引力。那么什么又是话题呢？所有的话题都有一个明显的特征——自传播性。言外之意，每个获取信息的个体不仅充满了主观兴趣，而且具有强烈的分享转发意识。

光有话题还不够，还得有互动，互动不是传播，传播永远是单向的，互动是指同一话题双向的沟通与交流，让每个个体都有充分的参与感。因此，互动在移动互联网商业模式中变得非常重要。

比如上海某咖啡会所，就是把二维码的互动营销发展到了极致。表面上看，我们会认为这是一间很普通的咖啡馆，但实际上，当我们身临其境进行体验的时候，我们会发现这里略有不同。因为，这里的每一个道具都是可以卖的。小至喝咖啡的杯子，卡通、毛绒玩具，大至台布、饰品、灯饰、音响等上面均有二维码。如果你对上面任何一件东西感兴趣，可以立即扫码进入该道具的微商城，比如喝水的杯子，商城里面会有主人介绍杯子的创作理念及杯子的创作过程等。

因此，家居建材行业，不管是商家还是厂家，有必要建立一个承载多种功能的移动网站（可以是移动商城、网页、微信公众号、服务号、微商等），然后，把每年销售到消费者手里的海量产品变成一个强大的"线下＋线上"融合媒体，而中间的连接点就是二维码营销。

2. LBS，移动互联网时代的新零售精准营销

家居建材总体而言也算暴利行业，因此投放广告，搞起活动来，也是钱多任性拼命花。但是，以往家居建材的广告与传播，比如各大 TV、

户外广告，车体广告、小区推广等，只是完成了"告知性"第一步，由于未给出直接转化的路径，或缺乏触发消费的场景，受众多停留在"已阅"的阶段，未能建立强黏性，有效转化率不高。

如何利用新技术，尝试新广告形态，巧打不同营销组合拳，实现"品效合一"，成为值得家居建材行业思考的问题。LBS 的技术延伸实际上可以快速完成这一步。

基于移动互联网时代的新零售技术——LBS，可以轻松实现如下商业功能：

（1）移动营销最关键的区别就在于 LBS 定位。所谓 LBS 定位，就是基于用户位置，为用户提供相关的服务。在活动营销中，你可以融入 LBS 定位元素，为用户提供本地化的活动体验。

（2）基于 LBS 定位，你可以在 APP 中开发类似"足迹"的功能，让用户进行位置签到获得一定的奖励，从而增强 APP 的用户黏性。

（3）APP 营销想要刷新"存在感"，离不开基于地理位置的精准推送，否则，一切基于地理位置的商业消费需求将变得无意义。试问，如果用户人在上海，你却疯狂推送北京的活动信息，用户是什么感受？如果用户下午六点刚来到××广场，你就推送上一条"附近的美食"信息，用户是否会点击？正是因为这样的原因，如今，几乎每一款 APP 都会尝试获取用户的位置信息，因为位置是移动营销的关键数据。家居建材行业，则是对基于地理位置的推送具有强烈的需求。为何如此？因为潜在客户购房与装修在时间点与地点把控上是两波信息推送的高峰。购房时，装修时，在楼盘现场或者小区，或者建材家居专业市场，都可以精准地锁定消费者。

（4）借助 LBS 功能，APP 后端可以长期采集用户的位置及位移数据，经过一段时间的积累，就能够描绘出用户的生活轨迹，尤其是上班族的活动规律：工作日，每天几点从 A 地出发去往 B 地，几点离开 B 地，几点回到 A 地；休息日，停留在 A 地，或是经常去往 C 地，又几点回到 A 地……仅靠时间和位置数据，你就能够定位用户的住址和工作地点，并根据工作日的地点变动大致定位用户的工作性质，根据用户周末的行动轨迹，你又能大致推测用户的休闲习惯和消费偏好……如此分析下来，你就能基本定位该用户的营销价值。

（5）LBS的组合拳：定位＋精准推送＋互动＋二次转发。基于LBS技术分布在全国数百万个地理位置点上面向用户进行发放的模式，为品牌的曝光以及效果转化奠定了强大的技术基础。

比如，微信地理位置营销工具－LBS营销系统－微信眼，也在这方面后来居上，主要的原因是，微信本来就是居于移动端的应用。而且，流量更大，黏性更强，使用高频，所以数据更加精准。（大家不要小看"高频"这个关键词，这几乎是一切APP能够生存下来的关键，因为高频意味着戳中消费者痛点，否则怎么会高频使用？高频意味着用户黏性强，消费者离不开他。当然，高频也意味着消费者在单位时间内反复使用，意味着流量稳定，用户活跃度高。第三方资本对APP的估值，不单是看流量，更看重粉丝的活跃度。）

3. 一切痕迹都是大数据

是否想过，当你拥有一部手机，从开机到关机，你的位置、信号强度、忙闲状态等信息数据都将出现在运营商的网络里……

运营商通过对手机信息进行分析，便可以知道你的亲朋好友的联系方式，根据开机、关机时间知道你的作息习惯，你出现在什么地方，出行工具是什么，等等。进入一个陌生区域，他会根据你的兴趣、爱好，帮你推送本地服务（而这正是你想要的），告知你本地有多少个好友。在一定意义上，只要运营商想知道，他可以通过你的手机获得相应信息。

这就是大数据的力量，大数据不仅是一种技术，更是一种思维方式。

大数据要求人们在海量数据中挖掘事物的特征和发展规律，以快速捕捉到有价值的信息。而这是传统科学家和传统科研方法难以做到的。形象地说，海量数据只是金矿、银矿，但还不是金银财宝。

微信、微博、快手、抖音、今日头条等消息使得对人们的行为和情绪的细节化测量成为可能，数据挖掘则使运营商得以在凌乱纷繁的数据背后为用户找到符合其兴趣和习惯的产品和服务，并对产品和服务进行针对性调整和优化成为可能。

今天，只要你上网，你便在网络上"处处留名"了。性别、年龄、爱好、踪迹、信用等被大数据刻画得一览无余，或许你都不知道自己下一步要干什么，通过搜索引擎、电子商务平台记录你的浏览行为，你的行为习惯和喜好已被挖掘，厂家、商家可能已在为你张罗生日、餐饮、旅游、结婚、生子、购房、购车了，特价机票、婚纱、尿不湿、奶粉、海景房等广告也已为你设计好了。

当然，你拿着一部智能手机，什么都没干，只是由着性子瞎逛，你所有的行动轨迹，你在每个节点的停留时间，你的位移速度，其实都被大数据精准锁定。

我们发现，百度上很难精准搜索到微信的信息，我们在微信号发布的文章，在百度上很难第一时间精准地搜索到。而微信上也很难大规模搜索到百度的所有链接信息。现在流行的"抖音"，其实在微信界面里很难"畅快"地被分享。比如，你在中国营销传播网上写了某篇文章，百度第一时间就能搜索到，而在微信端就很难精准搜索到。说明就微信本身来讲，其实还是人为在制造一个半封闭系统。这根本就不符合移动互联网时代开放、共享、无界的思想。

其实，就微信而言，后台数据的功能是极其强大的，很多信息，非不能也，实不为也。比如，微信就不可以实名搜索朋友圈以外的朋友信息。说实话，只要微信开放这一功能，就很容易让我们搜索到心中想见但多年未谋面的朋友信息。这一强痛点，微信为什么不开放，原因当然很多，在此不赘述。

四、家居行业大数据营销

某定制家居品牌在北京的消费群集中在什么年龄段？

某厨电品牌的消费者出入场所是什么地方？

某冰箱品牌的主要关心人群特点是什么？如何接触？

某木门的哪种色彩在成都最受人青睐？

某沙发品牌的哪种功能款在上海销量最大？

当这些问题都可以用翔实的统计数据来回答时，一种全新的营销模式——大数据营销模式，开始在家居行业风行。

在家居行业，随着网购的迅速崛起，在大数据的支撑下，除了具体的某个品牌可以根据统计数据实施产品的改进、服务的强化、订单的跟进以外，还可以和相似的品牌进行关联，实现互动营销。

以前家居行业的互动营销依赖的是联盟，如冠军品牌联盟、中国好家居品牌联盟、家居八大件品牌联盟，这些都是由企业自发组织的，如同"拉郎配"，未必与消费者的需求相契合。所以分分合合，联盟品牌之间的黏性并不强。总体来讲，基于经销商层面的联合相对牢固一些，基于厂家的联合操作难度大，但最好的联合还是厂家的联合。

通过大数据精彩、细致入微的呈现，可以发现业主对品牌选择的关联性，关联性占比较高的品牌可以主动联合起来为业主提供优惠营销或服务互动，从而真正满足消费者的需求。比如，某装修网的大数据统计结果发现，消费某品牌衣柜的业主选择其他品牌卫浴、木门、电器、地板的概率较大，如果这些品牌进行联合营销，自然会迎合业主需求，起到事半功倍的效果。

家居的推广互联网化、销售互联网化、供应链互联网化，为线上数据的统计与分析提供了极大的便利。

互联网＋家居可以挖掘出很多的数据，并将大数据营销进行充分运用，能够更加有效地对供应链、产品开发、线上引流进行引导，进而提升互联网平台的运作效率。

后台可以按家具、沙发、床垫等品类统计出每个品牌的销量、产品流向、顾客评价、退单量等，并排出精准的名次。还可通过信息系统的优化，将众多城市发生的庞大而繁杂的数据进行归类、交叉对比和分项统计，形成有用信息，从而指导企业依据消费者需求调整生产和营销方式。

在家居行业，卖场是商家离消费者最近的地方，卖场每天都产生大量的数据，比如在家居店面，每天进入店面的人数是多少，以哪类人群为主，哪个时间段顾客量最大，哪类产品销售情况最理想，顾客在哪类产品前停留的时间长，顾客购买产品时的表情，在导购员介绍时，顾客不买的原因是什么等。每一个消费行为的背后都是一次数据的产生，但很多店面没有对这部分数据进行详细的记录，更多的是笼统的概括。由于没有记录，数据不准确，当然也就不会到达整合数据这一环节。

1. 移动支付，新零售的加速器

移动支付是用手机等移动终端实现资金转移，在移动中实现支付。更准确地说，我们可以将移动支付定义为：以手机、掌上电脑等移动终端为工具，通过移动通信网络，实现资金由支付方转移到受付方。由于手机的广泛应用，使得手机在移动支付中扮演重要角色。

走进家居建材大卖场，可以看到不少品牌店铺内扫描二维码、添加官方微信、关注公共账号、参与微信端活动、抽红包，拍摄视频上抖音成网红等各种活动；"优惠""折扣"等字眼更是铺天盖地。而智能手机上，最火的微信更是成为商家搞微营销的最好载体与工具，加粉、互动、话题营销、会员管理、三层分销、精准邀约、红包发放、微信支付，等等，微信扮演了越来越重要的角色。微信营销容易聚集粉丝，是活跃用户最好、最快的方式。许多企业已经设计出微相框、微图册、微游戏、微贺卡，与网友实现互动，这也是移动支付吸引人的另一亮点。

由于微信具有"高频"的特点，相对于支付宝或者其他 APP，更适合成为一对一的营销工具，在支付方面，微信更是后来居上，大有凌驾于支付宝之上的态势。

相对于自己亲自到店里选择家居用品，通过微信进行选择和支付也同样具有体验感。以前都是有了需要到市场里找，常常一天下来没什么收获。可是微信选购和支付就不一样，总觉得和商家、商品的距离很近，随时都有各种信息发送到手机中，闲下来自己就可以进行筛选，有用的点进去查看，不感兴趣的直接跳过。

微信的支付功能，其意义是将商家的销售场景由门店直接迁移到消费者的日常生活当中。理论上讲，因为移动支付的功能，消费者在任意一种场景中（不只是逛门店），都可以完成购买行为。

事实上，相对于实体店而言，微信的这种沟通方式和活动形式更多样和新颖，让买家感觉到不再是单纯的购买，而是融入了社交，甚至还可分享对生活的感悟。

2. 人工智能，新零售发动机

智能家居是以住宅为平台，基于物联网技术，由硬件（智能家电、智能硬件、安防控制设备、家居等）、软件系统、云计算平台构成的一个家居生态圈，实现远程控制设备、设备间互联互通、设备自我学习等功能，并通过收集、分析用户行为数据为用户提供个性化生活服务，使家居生活安全、舒适、节能、高效、便捷的一整套应用系统。

从智能家居发展阶段来看，中国智能家居市场尚处于初级阶段，雷声大，雨点小。

当然，这里面的原因很多，如产品本身智能化程度低，多数产品是按既定的程序完成任务，在主动感知和解决用户需求、人机互动等方面的体验依然较初级，因此没有形成广泛的用户黏性。

言外之意，我们国家的人工智能其实是智能应用，智能技术还处于空白阶段。

虽然如此，仍然挡不住市场上智能产品的兴起勃发。如家居市场，这两年智能安防类产品，指纹锁、智能摄像头、智能扫地机器人、智能保姆、智能门窗，智能冰箱、智能空调、智能厨电、智能沙发等产品都受到了广泛关注。随着智能感知、深度学习等技术的提升，智能灯光、智能温控等产品也逐渐趋于成熟。用户需求不断扩大，产品愈加丰富，智能家居将会渗透到家居生活的方方面面，智能家居市场将迎来爆发。未来的家庭消费，几乎是无品类不智能。

不过，热闹中也有隐忧，当下的智能家居的困境之一在于数据的共享，因为一个良好的智能家居互联体系，也需要共享数据才能实现，即把建筑、物业、家电、手机、机器人等智能硬件设备、信息服务等连接在一起，以家庭和用户为中心充分共享数据，最终实现物物相连。

伴随着智能家居平台的发展，通过场景布局，智能家居实现多种家居产品的联动，用户可以自定义多个使用场景，实现定制化、个性化。人工智能技术的发展将使得个人身份识别、用户数据收集、产品联动在潜移默化中变成现实，未来家居生活场景中将为不同家庭成员提供个性化服务。

3. VR 与 AR，新零售场景革命

家居建材的新零售，离不开 VR 与 AR 技术的助推。

VR 是虚拟现实技术的简称，虚拟现实技术是指通过计算机仿真来让人体验虚拟世界，通过立体动态视觉体验和交互操作让用户仿佛置身于真实环境。

作为家居建材新零售的关键技术，近几年，VR 家居可以说是大放异彩，通过 VR 技术来模拟家居场景，通过视觉、交互等行为让用户更真实地感受到家居布置效果。

以前我们欣赏设计方案都是通过平面图、效果图等图纸来想象室内布置效果，总体而言体验感不强。家里装修好之后，往往与自己当初想象的风格差异较大，很多业主往往因此留下较大的遗憾。

VR 则不同，通过 VR 技术可以身临其境般看到装修后的效果，能

直观地欣赏家居摆放效果、装修风格效果，并且通过交互还能够尽情变换家居风格以及调整家居摆放。

VR 与 AR 在购买家居用品方面也很重要，我们在家居建材商城购买家居用品，通常比较难确定家居用品大小是否合适，是否适合室内布置，因为家居摆放效果受到风格、户型面积等方面因素的影响，利用 VR 技术就像把家居用品摆在家里对比效果一样直观，我们的购买意愿也更强烈。

甚至消费者足不出户，或者处于"吃喝玩乐"的休闲状态，都可以在微信端（或者其他 APP）利用 AR、VR 对接设计方，修改或者确认自家的装修。

VR 交互体验有以下几个典型的好处：

（1）随时在线传输，包括微信端。

（2）户型展示，让用户全方位感知。

（3）家居物品抓取与释放（有重力感应和无重力感应两种模式）。

在家居建材行业，利用 VR 技术构筑全屋定制、全屋整装、全屋智能家电、个性定制等是大势所趋。VR 对新零售的作用不是简单的在 VR 设备上营销，而是**通过 VR 技术，立体调动消费者一切感官，进入三维虚拟空间，构造新的超越于现实的环境、场景和空间的体验。**

这样就可以摆脱空间和时间的限制，从设计方案到家居搭配、位置摆设，都可提前"真实"地打造还原，让用户在装修开始之前就能切身体验到装修入住后的效果，从而避免了与设计师意见相悖，也不存在后期心理落差。实现了所见即所得，把握了细节设计，成全了个性追求。

第二章

五感营销，构筑场景

一、做"局"与五感营销

我们知道，一切销售的本质都是为了成交（成交物质或者无形资产），甚至一切沟通也是为了成交。比如，男女恋爱，当然是为了成交爱情（这样讲有点世俗，但是站在成交的角度，未尝不可以这样理解）；朋友沟通，成交友谊或者生意；上下级沟通，成交工作指示；平级沟通，成交工作安排……理论上，所有的沟通，或者说所有的销售，自然有好与坏之分、高效与低效之分。

在移动互联网时代，最高境界的沟通或者成交理论是什么呢？

这个答案当然是"仁者见仁，智者见智"，不过我想用三个评价指标来评价成交理论的好坏：一是最快的利于成交的；二是它有鲜明的时代特点；三是它基于人性的洞察力。站在这三个维度，我认为移动互联网时代的巅峰成交理论是"局"理论。

什么是移动互联网时代的新零售"局"理论呢？

"局"理论包含四项基本元素及四个步骤。

图2-1 "局"理论包含的四项基本元素

如图2-1所示，"局"理论包含四项基本元素：基本服务、增值服务、硬性洗脑、软性洗脑。

什么是基本服务？基本服务也叫免费服务，在线下的成交现场，一般指免费的吃喝玩乐、游戏、互动、小礼品、服务等，基本服务是移动互联网时代新零售的常见手段，如微信、腾讯的基本社交功能永远是免费的。基本服务的目的主要在于引流。在商业行为中，主要是为了蓄客。

什么是增值服务？增值服务一般是指有偿服务，比如促销活动的买赠、打折、特价、秒杀、深度服务等。

什么是硬性洗脑？硬性洗脑主要指现场的氛围营造，比如灯光、音乐、味道、标语、口号、宣传物料、色彩营造等。

什么是软性洗脑？软性洗脑一般指主持人、导购、顾客见证，以及仪式化的流程设计等。比如名人现身说法、现场炒热气氛的人、礼仪小姐、过程的细节把控等。

到这里，我们可以大致给"局"理论下个定义了，"局"理论是指设计四项基本元素，充分调动人的五感，构建一个场景或者切入一个场景，达到快速成交的目的。

为什么在成交过程中，"局"理论如此重要？

最根本的原因是，"局"理论的每个细节，都源自对人性的深刻洞察。天不变，道亦不变，人性，自然永恒不变。

是人，就有同情心、同理心；

是人，就渴望关怀、渴望存在感；

是人，就有好奇心的一面。

说到这里，读者明白了"局"理论的重要性了吧？（心理学是专门一个学科，在此不赘言）。

基本服务，主要是利用了人性中的"占小便宜""好奇心""参与感"。

增值服务，主要是利用了人的"参与感""占有欲""确定感"。

硬性洗脑与软性洗脑，利用人类接收信息的通道——五感，快速占有心智。

明白了"局"理论，接下来，我们要重点谈一下家居建材五感营销与场景营销。家居建材五感营销的目的是为了构建一个有穿透力的场景，从而做成一个"局"，达到快速交易的目的。

那么，什么是家居建材五感营销呢？

移动互联网技术主导的新零售，五感营销变得空前重要。因为消费者变得空前的不耐烦，因为诱惑消费者的各类信息眼花缭乱。

我们人生当中，每个人都对一些特定的场景毕生难忘。

比如，春天来临的时候，你看到"花开红树，草长平湖，绿水逶迤、柳护长堤"的画面；你听到小河流水，蛙鸣初醒的声音；你闻到冻土初翻，空气中弥漫着初春独有的馨香味道……这一切，构成了春天独有的意向。

比如，你常常难以忘怀初恋的感觉，那种刻骨铭心的滋味。

比如，你常常"胃"知乡愁，家乡的口味会伴随你一辈子。离别故乡多年，突然的一道家乡菜里面有陈年旧事，有妈妈的味道……

比如，"月上柳梢头，人约黄昏后"，是恋人之间的"五感"。卿卿我我，甜言蜜语，月在柳梢，熟悉的人，熟悉的味道……

比如，你还记得曾经触碰婴儿粉嫩小手时的感觉。

比如，大清早上班，或者寒风凛凛的冬日下班，你还记得大冬天路边摊飘来的烤番薯的味道。

为什么有些记忆刻骨铭心，让人终身难以忘怀？为何消费者对某些人、某些事、某些品牌的记忆却是转瞬即逝？原来人之所以为人，有其独特的记忆规律。

大家都知道人有左右脑。左脑掌管语言、逻辑、文字、计算等，使用率达到80%；右脑则掌管感性、图像、音乐等，使用率仅为20%。为什么我们能很容易记得电影中某个感人的画面，却很难将圆周率背诵完整？

原来，人对情节、故事、冲突、画面等右脑掌控的东西具有天然的记忆力。这里面，"五感"作为接收的"仪器"起了关键的作用。营销要想起作用，五感的组合运用与创造性发挥才是关键。

运用"五感"，讲一个动听的故事；策划一个事件；制造一次话题营销。"五感"营销作为手段，可以起到关键作用。

运用"五感"，与消费者进行有效的互动。构建一个场景，让消费者全方位地从"眼耳鼻舌身意"感受环境的"色、声、香、味、触、法"，五感营销作为载体，可以起到关键作用。

"五感"是一个有趣的话题。"视、听、嗅、味、触"本身是我们对一个事物建立认知的不同方式。所以，我们常常发现，有些知名品牌很少在央视或者互联网媒体上打广告，但我们产生购买需求的时候总是第一时间想到它。家居建材或者家电中的很多品类都是"低关注度、高参与度"的品类，所以利用"五感"，在消费者产生购买需求的时候，第一时间"触动"消费者内心最柔软的部分，是"五感"营销的强项。

比如，日本的"无印良品"便是设计驱动品牌的典范。产品本身的人性化设计，直接触动人类潜意识中最柔软的部分，让消费者在产品面前"束手就擒"。苹果手机的设计，也是其中的典范。苹果手机的功能设计，无一不是基于对人性的洞察——不加思考，而能运用自如。

如果深挖，不难发现在这些品牌中普遍存在着设计师（尤其是设计思维）的助益——我想关于设计的一个天然命题就是如何摆脱语言逻辑的单一性，通过更多感知、体验信息的方式，来帮助品牌形成内蕴丰富的消费者认知。

下面，我们简单地分析一下"五感"营销是如何驾驭人性的。尤其思考一下，"五感"营销是如何在家居建材行业具体运用的。

二、视觉体验："一见钟情"的感动

视觉体验要素：

1. 第一要素：色彩

提及视觉，首先联想到的就是色彩。各场景中的色彩都会对消费者的购物行为产生影响。比如，店铺内装、员工制服、海报传单等。

比如，红色易引发人的兴奋感，促成冲动型消费；蓝色则使人平静放松，并激发想象力和创造力。

色彩的使用，通常会受季节和节日因素的影响。美国的一项实地调查显示：万圣节期间，橙色的商品更畅销。也有实验显示：消费者对哪种颜色接触越多，选购时越倾向于该颜色的商品。

家居建材的细分品类，是很依赖色彩的运用的。比如美式田园风格的家具或者灯饰、软装产品，常常会将一些美式生活中的色彩、道具或者植物直接布置在现场，将田园风格的主色调铺陈现场，让消费者有身临其境的感觉。

2. 第二要素：照明

视觉诉求的另一要素是照明，明亮的灯光能使人心情愉悦，提高社交能力和幸福感。

把酒水区作为研究对象时，你会发现店内的灯光亮时，顾客购买酒水的数量更多；但高档餐厅、进口食品和高档食品超市则不适合很亮的照明，反而略显昏暗的光线能烘托出一种高级感和高品质的氛围。

人对灯光的需求主要有三个层次：基础照明、情景照明与意境照明。基础照明满足的是人对灯光的基本需求——照明；情景照明满足的是不同的生活场景，如聚会、就餐、阅读、睡觉等；意境照明满足的是审美需求，是光效应的艺术、是光对空间的切割、是主人品位的延伸与表达。

所以，你去肯德基，灯光总让你快吃快喝快点走人，这里不适合休闲；你去星巴克，灯光总让你沉浸其中，一杯咖啡，一个下午沉浸在阅读与思考中。

家居用品商店 HANDSMAN 店面陈列设计中，对"五感"营销中视觉元素的组合运用用心良苦。

HANDSMAN 是位于日本的大型家居用品商店，是运用"感官营销"最成熟的代表店铺之一。从店铺的建设装修、布置陈列到商品 MD 等方面，无不体现出对感官诉求的重视。

好的视觉都是相通的，本质都是源于对人性的深刻洞察。HANDSMAN 卖场在视觉元素的组合运用上，体现的是对人无微不至的关怀。消费者踏入店内首先映入眼帘的是园艺卖场：明亮的路灯、精致美观的假树和盆栽、水池和喷泉，自然的光线从十几米高的天花板上倾洒而下，整个空间明亮、大气、开阔、生机勃勃，给人以强烈的视觉享受。通过对视觉元素的组合运用，构建了一个生机勃勃的世界，让人一下子活跃起来。这一切都是为了让人在爽心与舒心中自然而然地完成购买。

该店经营面积虽仅 10000 平方米，但商品总 SKU 数却多达 220000 个。在有限的面积上，陈列过多的商品不得不说是个负担。所以，其在产品陈列上可以说是构思精巧、妙趣横生。比如，HANDSMAN 采用了创新性的陈列法——"逆地球重力法"：上大下小，上重下轻。

这样做，其实是一步险棋。凡是反人性的东西，第一直觉一定是容易制造视觉焦点，同时也容易造成内心的强烈不安。但只要驾驭得好，往往可以起到"山重水复疑无路，柳暗花明又一村"的功效。

该店还灵活运用了"色彩陈列法"。比如，按照彩虹的配色"红橙黄绿青蓝紫"的顺序，呈现出色彩渐进式的陈列风格。红色商品放置在最靠近人体的货架外侧，货架内侧放置的则是紫色商品，这样能使货架内侧的商品看上去更小，并形成远近对比。该陈列法不仅使商品展示的效果极佳，色彩统一有序，具有强烈的视觉冲击力，还富有层次感，改善了卖场整体的氛围。

实战干货：泛家居"视觉"设计套路

事实比理由更重要

相比之下，客户更相信视觉和触觉，而不相信听觉。毕竟中国有"耳听为虚，眼见为实"的传统俗语。同时，大量研究证明，人类接收的信息中，83%来自视觉、11%来自听觉（从距离的角度考虑，听觉居首）、6%来自触觉。

视觉营销中的卖场形象分为：店面形象、商品形象、服务形象。

视觉的核心和颜色有关，颜色对心理及生活的影响已是公认的事实。而且颜色已被发达国家应用于心理治疗和一些疾病的辅助治疗。

视觉营销的要素

照明（基本照明、重点照明、装饰照明）　　服饰（工作服）

特色销售道具　墙纸色彩处理　品牌标记与图形

灯光照明

灯光师多么的奇妙，使原本毫无生气的水泥建筑变得充满生机和诗意，又是多么的迷人，让黑暗的角落透出温暖。

两大作用

（1）看清商品及参数。

（2）烘托气氛。灯光的强度和色彩可以影响人的心情。

灯光处理技巧

避自然光：建材的颜色效果很大程度上是靠灯光营造的，因为没有哪个客户的建材用在室外，有日光直射。所以最好没有自然光的影响，尽量隔开阳光的照射。

照射位置：根据"上强下弱"原则，从上面算起，照射产品 1/3 的位置，下面展示余光的产品效果。

颜色选择：最宜用白色，因为白色不吸收任何颜色，从而可以最大限度地展示各种产品颜色。

产品搭配：因产品有不同的颜色，所以灯光要根据产品做出相应的调整。颜色太深的产品，要把灯光调强，从而加强重点照明和余光照明的对比效果。对于浅色系产品，特别是白色的，要把灯光调弱些，这样不会在视觉上太过刺眼，干扰客户对产品的选择。

时段调整：早上刚起床时，再弱的灯光都觉得刺眼，所以上午店内的射灯可以部分打开，重点照明为主。下午的时候，大家忙了大半天，身心比较疲惫，要用强光刺激。

高度调整：120 厘米以上是气氛带，可做些品牌名称和荣誉的灯箱。80～160 厘米是最佳产品陈列空间，灯光应该落在这里。同时根据当地平均身高稍作调整。

天气季节：可以根据天气的阴晴调整灯光的强弱，而且全国大多数地方一年中的四季也是冷暖分明，灯光的颜色和明暗也可作适当调整。

镜子组合：通过镜子和灯光的组合，把展示空间做大的同时，把空间做敞亮。镜子和玻璃一样，稍有不慎会犯大忌。镜子最好能辅助软装和饰物，且照射角度要以 45 度倾斜向上。

色彩匹配：灯光作用于色彩的话，绝对是相得益彰的组合，要观摩和尝试各种最佳组合匹配。

注意事项：过强、过近的灯光可能对被照射物造成损伤。因此，要对产品进行及时检查。当然了，对于逐渐暗淡和损坏的灯泡要及时更新，以免影响照明和发生意外。

陈列技巧口诀

颜色：左浅右深，上浅下深，前浅后深。

款式：左简单右复杂，上简单下复杂，前简单后复杂。

琴键式摆放：黑白黑白黑白。

彩虹效应：赤橙黄绿青蓝紫。

近色效应：主要根据同色系和近色系摆放。

产品墙纸颜色顺序

最好是"外浅内深"。

现在欧式的简约风格比较流行，所以白色为代表的浅色成为既定风格最多的选择。同时，现在人的工作压力较大，情绪上比较焦虑，白色为代表的浅色可以像大自然一样舒展身心。

店面外墙玻璃的影响

尽量不让客户在选购的时候透过玻璃看到店外的行人和其他品牌的形象，否则会形成各种干扰。

客户入座的座位选择，尽量让客户背向店外的行人和门面。

刺激客户视觉效果的技巧

角度：从不同角度展示同一产品，相同角度展示不同产品（材料、工艺、款式）；

灯光：利用现场的灯光变化，让客户深切感受相互的反差和对比度；

距离：远处和近处搭配来展示产品，从而防止客户因视觉问题觉得前后有差距；

部位：既展示整体，又展示局部和细节。从而全方位的让客户了解产品；

组合：利用不同产品的各种形式的组合来展示产品，主要体现在各种配套的辅助产品；

饰品：利用形形色色有特色的装饰品，尤其是软装的各种家居饰品来凸显产品。

引导入座技巧

注意洽谈区周边产品的颜色、桌面、地毯饰物、水果、装修的风格等对客户情绪的影响。特别是对面样品的颜色对客户心情的影响，提前想好怎么引导客户选择座位。

不宜在入座的时候见到垃圾桶和卫生间，也不宜在店面中看到"拖把"等打扫用具。

垃圾袋的颜色选择

不要选择黑色和白色，选择黄色、红色、紫色和蓝色等展露喜庆元素的垃圾袋比较好。

横幅的颜色技巧

店面门面上的横幅要"红底黄字"，主要是为了渲染一种喜庆的气氛。红和黄是中国的传统颜色，"红加黄，喜洋洋"。

建材市场内的横幅要"红底白字"，提高反差，在最短的时间内刺激客户在行进中迅速认知到"品牌和优惠"。

颜色推荐话术

红色：激发欢乐情绪，给人以跳跃、兴奋的感觉。是扩大色，增添喜庆气氛，带来好心情和好运气。寓意你以后的日子红红火火，红运当头。缺点是容易从环境中"跳"出来，同时具有攻击性。

黄色：是黄金的颜色，有财富的含义，也是中华民族和中华文明的象征，同时它也是中华民族的主色调。给人以欢快、温暖、活泼的感觉。黄色也是一种扩大色，在环境视野中很显眼，比较安全。

绿色：是大自然的颜色，在中国文化中有生命的含义，也是春季的象征。绿色还有准许行动之意（象征路路通），可以起到保护色的作用。

蓝色：是永恒的象征，是最冷的色彩。纯净的蓝色表现出一种美丽、文静、理智、安详和洁净，显得豪华气派，这种颜色的商品相对有很大的保值功能。

银色：沉稳之色，代表高尚、尊贵、纯洁、永恒。银色是一种时尚色调，中间色的一种，容易搭配，不容易过时。

白色：优雅大方，给人以纯洁、神圣的感觉。白色是中间色，容易与外界环境相吻合而协调，让人感觉清洁朴实。

黑色：代表保守和自尊，又代表新潮和性感。给人以庄重、尊敬、严肃的感觉。

粉色：温馨浪漫，实用性强，结婚和日常皆宜，和窗帘、家具都比较好搭配。

紫色：紫色代表高贵、典雅。同时又是中性色，不分季节，无论家具颜色如何，搭配都非常温馨。

紫色寓意非常好，大富大贵，预祝你早生贵子、子孙满堂、大红大紫、紫气东来。

玫瑰色：玫瑰花立体感很强，栩栩如生。且红玫瑰是坚贞爱情的象征，是爱情的信物，爱情的见证。也预祝你爱情甜蜜、天长地久。

橱窗 PK 进户门 PK 门头

橱窗是为了吸引客户进店的。所以应该根据客户的主要流向，让客户先看到橱窗，然后路过进户门。切忌橱窗在进户门的后面，否则，等客户的兴趣激发之后，早已走过去了。按照客户决定的"2秒法则"，会大大降低客户的进店率。

橱窗画面是店面的妆容，象征着店面的性感，激发的是人的感性。店内的装饰才是降低客户在理性方面对价格抗拒的因素。所以橱窗的画面要从家居生活、幸福之家、使用感受着手，而不是品牌的荣誉、历史、文化（这些如何安排，详见"心觉"中的"洽谈区周边品牌展示技巧"）。

门头影响的是马路对面和远处的客户。所以要和橱窗边上的墙体浑然一体，才能吸引到对面和远处的客户，不要特别突兀的一个门头。

店面"招财猫"装饰术

门头处理： 在门头上挂横幅，门面用金布或者展板装饰比较好。

宣传内容： 对外宣传内容是需要让客户在很远的距离最短的时间内明了什么品牌在搞什么活动。所以重要的不是详细活动内容，而是活动的口号。同时吸引客户的应该是色彩和图案，最后才是文字。客户被吸引之后，才会进店了解促销的详细内容。

门口地面： 根据眼球经济考量如何让自己的地盘眼前一亮。门口的地面可以铺设地毯和地贴，或者撒些礼花甚至爆竹片。

门口路面： 看门口有没有可以拉横幅的树木，还可以把树木用彩色的布包起来，或者在树上挂灯笼（霓虹灯）等小饰品。看有无贴广告的垃圾桶、马路栏杆、电线杆、路灯和空调防护罩等。

门口道具： 在门口放置像仪仗队一样的户外广告伞、彩虹门、花篮、空飘等道具。如果是展架类广告器材，不可以放置在店面内，会挡住客户行走路线，应该放置在门口吸引客户进店。

门头装饰： 门头的促销形象要整体化，才能最大限度地吸引客户关注。

触觉店招全方位的"阴阳调和"

动静： 设置旗帜和气模；

内外： 店内贴地贴，店门前铺地毯。

日夜： 灯箱上贴字，白天、晚上都能看到。

如何提高客户进店率

门头形象整体促销化： 重点是在门头上挂横幅，门面的立柱或者墙体用展板装饰好。

橱窗效应精细化设计： 首先，充分考虑"橱窗 PK 门头"对客户的影响。门头影响马路对面的客户更多一些，因为门口的客户看不到门头，所以要重视橱窗的促销化展示。其次，考虑橱窗与大门的位置。因为客户应该是先被橱窗吸引然后才勾起进店欲望，所以在充分考虑门口人流方向的前提下，先设计橱窗，然后是进店的大门。

POP内容求精不求多：POP是指客户在门口由远及近感触到的门头、展板、横幅等物件。所以重要的不是活动内容，而是活动的口号。客户被吸引之后，才会进店了解促销的详细内容。

门口地面差别化处理：主要是根据眼球经济考量如何让客户眼前一亮，门口地面主要是铺设地毯和地贴。

门口路面物体的处理：这点要根据具体情况而定。主要是看门口有没有可以拉横幅的树木、贴广告的垃圾桶、马路栏杆、电线杆、路灯和空调防护罩。

路面放置物的人气化：这点也要根据具体情况而定。在门口放置户外广告伞、彩虹门、花篮、空飘等道具。

特别备注：

以上内容主要是根据经销商大多不在商场型封闭式建材城而设定的。

户外装饰的道具以及店内需要的"吊旗""易拉宝""展架""宣传页""地贴"等，绝对不可以在活动当天才到位，最好在活动开始蓄水时就全部到位。

如何营造客户进店氛围

背景音乐：使用高亢且能活跃气氛的音乐。（调动客户及店员的情绪，毕竟建材市场比一般的市场冷清很多）。

店面装饰：选择搭配店面整体色调，用营造喜庆氛围的软饰点缀。

人性化问候：根据天气的变化，给予温馨的人性化问候。

解说特色：提高说话的兴奋度，加快语速，提高声调，情绪感染最大化。

举止渲染：加大举止的力度，做手势时可以见机稍微夸张一些。

引导入座：注意陪客方向、对面款式颜色、区域灯光、水果等对客户心理的影响。

拿人手短：除了嘴甜，还要手勤快，善于用瓜子、咖啡、花茶等既可拖延时间又可以突出比较优势的小手段留住客户。

三、听觉体验：音乐成买单催化剂

英特尔在任何一款笔记本电脑的视频广告中，结尾处总有自己的音频广告植入。

诺基亚电视广告收尾时的音乐千篇一律。

小时候，妈妈的语调语气，你总是记忆犹新。

秋风扫落叶的沙沙声。

清脆的风铃声。

"呢喃燕子语梁间，底事来惊梦里闲"。

响亮的冲锋号角，让人奋不顾身，从战壕里一跃而起……

声音将某个场景所发生的事情刻入大脑，植入人的记忆深处。

人类在漫长的进化当中，凭感觉做事，而不是凭逻辑与理性思考来做事，是人类得以生存发展的原动力。听觉便是感觉当中的主要因素。一个人在成长的过程中，熟悉的声音背后是熟悉的场景与故事。所以，听觉运用与营销更是理所当然与不可或缺的了。

听觉营销，即指利用美妙或独特的声音，吸引消费者的听觉关注，并在消费者的心目中形成独特的声音。经过对消费者生理、心理特征和消费行为的分析可以得出结论。听觉营销对儿童、女性、老人更为有效。

● 音乐节奏越慢，消费金额越高？

商业上关于店铺营销中，对于音乐的理解一般是这样的：慢节奏背景音乐会使消费者在店内的步伐较慢，停留时间长、消费金额大。就像小夜曲、摇篮曲能让人安宁，慢节奏的背景音乐让人精神放松，充分享受购物场所营造的氛围。一旦顾客愿意停留下来，那么消费的机会无处不在。

家居卖场中，早上的音乐一般都比较明快活泼，下午的音乐一般都比较有激情，临下班的时候比较休闲，让人放松心情。

● 快节奏音乐，有利于促销？

家居卖场对音乐的理解还在不断探索与尝试。比如，男性相对理性，女性相对感性。所以，利用音乐把握人性是门学问。比如，对于年轻人来说，节奏感比较舒缓的音乐，反而不利于其冲动消费。相反的，在一些以年轻女性为主要客户的时尚店铺里，播放潮流、前卫的新奇音乐，快节奏的音乐更能调动她们的情绪，刺激她们消费。

当然，世事无绝对，对于体验感强的产品或者档次比较高的产品，不太适合播放过于喧嚣明快的音乐。比如慕思集团的床垫产品、功能椅产品，就需要用沉静的音乐配合消费者的体验。而坐在太空椅上，戴上耳机，蒙上双眼，听着大自然原生态的声音：风吹铃铛、鸟鸣山涧、流水潺潺……

而在促销活动中，快节奏的音乐会给消费者造成一种"再不下手，悔之晚矣"的感觉，起到心理暗示的效果，"怂恿"他们快快买单。在家居卖场中，节奏感强的音乐往往用在促销活动现场。比如砍价、联盟活动、明星签售、工厂直供、万人疯抢等。

当然，激昂一点的音乐也可以用来激励士气；良好的销售业绩，当然靠团队的士气与齐心协力，音乐在士气提升当中举足轻重。

比如，好的陶瓷与差的陶瓷有何不同？聪明的商家想到了声音这一法宝。"好陶瓷有音乐感"，将陶瓷分成5块分别吊起来，敲击后有五音的和谐。而差的陶瓷呢？自然声音比较粗糙。

比如，来自香港的久光百货，在商场背景音乐上也有独特的招数。工作人员表示，外面的雨与店内的音乐"交相辉映"，用音乐提醒顾客外面下着雨，雨的大小与音乐的起伏成正比。让顾客随时感知外面的雨况，以决定去留。

实战干货：泛家居卖场"听觉"设计套路

由于音乐的包容性和情感性，每个人都能听懂音乐，并与音乐产生共鸣。企业可以利用音乐的这个特性，通过音乐与顾客的情感沟通，拉近彼此的距离，从而适时地通过交心达成交易。

音乐是情感的艺术，创造了与消费者的情感交流。

喇叭的放置技巧：音响的喇叭应该朝外，而不是对内。既向店外的意向客户"广而告之"，又为店内的客户打造幽静的购物环境，不至于造成噪音的干扰。

听觉刺激可以从以下几个方面着手：从"人，货，场"三个方面制造响声。

人：销售员的吆喝声及解说产品的声音；现场第三者的意见（店面中作为辅助作用的导购或者店长的辅助性介绍及建议，客户的中奖感言，客户的产品使用感言）。

语调和语速的掌握也很关键。

货：产品运行、操作、演示时发出的响声；让客户听声音对比产品质量。

场：演示现场烘托气氛的背景音乐；观众发出的声响。

背景音乐：时间、音量。

早上："一日之计在于晨"，但睡了一夜，思路不清晰，大脑反应不灵敏，情绪也不稳，选择亢奋的音乐提振员工士气的同时为客户醒醒脑，打造一个好的开始。

上午：背景音乐的节奏要喜庆欢快，可促进店面的销售气氛，从而提升销售热度。

下午：累了大半天，旋律要轻松温馨，柔和轻缓，以放松为主，缓和工作压力及紧张情绪。

音量高低：以不影响相互之间的沟通为主，上午的音量要明显比下午高。震耳的背景音乐在风水中称之为**"声煞"**，属于凶煞的一种，使得人们自然而然地产生出烦躁的情绪，对店面的促销只能起到负面的影响。

促销时段：现场客户较多，导购人手缺乏。音乐节奏要喜庆明快，刺激客户快速签单，提高成单率。

播放内容：

背景音乐：上午流行歌曲，下午轻音乐和钢琴曲。

品牌宣传片：企业宣传和央视广告。

幻灯片：产品图片、客户家实景照片、促销现场抽奖及获奖照片。

员工自编自排的流行音乐：通过固定的流行音乐、轻音乐，把歌词改成经营的产品及卖点特色，既能让客户耳目一新，又能提高员工的凝聚力和归属感。

洽谈区的设置：

（1）最好在一个幽静的空间，防止客户在入座之后（意向比较强）受到外界的干扰。

（2）在计算价格的时候，用的计算器最好是设置为没有按键音的。

（3）在谈单的时候，如果有电话进来，应该尽快有人接听，而不是一直在那里呼叫。如果需要拨打电话，不宜把免提声打开，从而产生额外的噪音干扰。

座机、手机的品牌铃声：

最好能将店内的座机和每个团队的手机纳入局域网，从而最大限度地让每个客户都能感受到品牌的规范化。

口音效应

☆**"口音城市效应"：**

说本地方言的"口音"城市，最好店面中至少有一个是本地人；店员如果是外地人，要学会几句可以简单沟通的本地方言。

☆**"名人方言效应"：**

利用名人特殊的口音来排列设定的广告词句，如小沈阳、周星驰、杨坤等音色特别的名人。也可以将各种名曲中的句子串成自己的台词，用于终端音响和促销宣传。

四、嗅觉体验："嗅"出商业气息

星巴克里虚无缥缈的咖啡味。

星级酒店若有若无的香水味。

家居卖场里，田园风格的家居空间里的花草味、露珠味。

自然风格的家具上原木的味道。

新车里独有的味道。

"疏影横斜水清浅，暗香浮动月黄昏"。

这些味道，你一定忘不了。闻香识品牌，气味会在潜意识里影响人类的感觉、判断及行为，这一被称为"内隐气味记忆"的研究结果支持了之前的假设：气味是消费者购买、收集、使用某件商品的决定性因素。熟悉的味道袭来，往事历历在目。

嗅觉营销的分类根据营销实用的出发点，大致可以分为产品嗅觉营销和环境嗅觉营销，前者为产品本身赋予一种独特的味道，增加消费者对商品独特的辨别能力；后者则让消费者在购物环境中通过气味选择商品，间接左右其对于该环境所提供的商品或服务的印象。比如，推门走入任何一家香格里拉酒店的那一刻，其标志性的气味就会扑面而来，虽然不是人人都喜欢，但辨识度却极高，因为这是独属于香格里拉的味道。你在全国的任何一家香格里拉酒店闻到的味道都是一样的。于是，这家酒店的所有服务细节你都能回忆起来。

我们去无印良品，除了产品的视觉感体验之外，细心的顾客总能发现里面的味道也是独一无二的，那是一种让你沉浸其中的独特体验。在无印良品的空间里，沉浸与体验是最好的感知。

科学研究表明，气味具有"附带效应"，人在一个独有气味的空间里沉浸越久，将来一旦闻到此味，在此空间里所有的细节与经历、体验，都将自然而然地涌上心头，仿佛进入原有的场景。

五、味觉体验：用味道留住顾客

酸酸甜甜，初恋的滋味，让人记忆犹新。

小时候，妈妈做的饭菜的味道，你一定忘不了。

小时候生病了，父亲背你去医院，父亲身上的味道。

"四斤装，十人饮"团建酒江小白，为"双十一"庆功而饮。酒的味道与成功的味道融为一体。

一去星巴克，终身都是他的信徒。星巴克的味道其实并无特别之处，但咖啡久喝上瘾却是不争的事实。

味觉营销是指以特定气味吸引消费者关注、记忆、认同以及最终形成消费的一种营销方式，是对消费者味觉、嗅觉的刺激，有别于传统视觉刺激。

在家居建材卖场，美食与饮料不只是贴心的服务，而是攻心的策略。美酒与咖啡让人兴奋，失去判断力，容易冲动消费。

比如，在日本名古屋，有一家制酪公司，无论是什么赠品都免费或超低价供给，无味大蒜就是一例。无味大蒜是某机构的一项发明技术，这家制酪公司将此技术买了下来，将产品派发给日本全国 3 万余人。

那么，名古屋的这家公司的社长日比孝吉先生为什么选择"无味大蒜"作为赠品呢？这其实是一种商业上的"阴谋"，因为记忆是永久可识别的。

味觉记忆的时间形式可分为两种：其一是"一次性"的、无法重复的，使其"毕生难忘"；其二是循环往复的，将个体生命记忆纳入社群记忆（风俗）之中。

所以，这位日本商人在商品和服务之外给予顾客双重惊喜：第一是免费；第二是使顾客产生味觉记忆。这位商人得到的是顾客的忠诚和重复购买。消费者闻到了某种味道（当然是独有的），那么，与此有关的独有的记忆就再也抹不去。

实战干货：嗅觉与味觉整合的艺术

气味促销法

产品的味道：要学会在帮助客户选购的过程中，通过闻产品的木香味（没有油漆味和甲醛味）来凸显产品的环保性。

甲醛的味道：尤其要注意避免，特别是在木门的门洞里面和地板的包装拆开之后。

烟草的味道：自己不宜在店面中抽烟，但是在提高客户滞店时间和引导入座时，可以来一根，坐下来聊聊。

花茶、枸杞：有些选择"女花茶男枸杞"的泡茶策略，让客户感觉备受重视的同时，提高滞店时间和回头率。

洽谈区水果味：

主要是针对有签单意向的客户，为了更深的沟通，引导客户在洽谈区享用水果。

香水或清香剂：可以在店面中喷洒淡淡的木香味香水，通过木头的香气彰显产品的环保天然。

饭菜的味道：可以在上午待客的时间，刺激客户中午在店里吃饭。哪怕仅仅一句话，也是一种贴心的服务。当然了，店面中尽量不要留下员工吃饭的味道。

口腔的味道：不宜在与客户交谈时，闻到饭菜酒肉的味道。注意杜绝导购员的口腔异味，最好在日常多嚼些口香糖。

身体的味道：注意规避夏天的汗臭味、脚臭味，或者自身的狐臭味。导购员的妆容和香水也会散发出一种味道，不宜太浓。

促销烟花味：促销现场的烟花味道，可增加喜庆的氛围，刺激客户在从众心理下尽快下单。

名片和单页喷香水：这种做法非常的新颖，打破了单页"户外发的没人看，店内不用发"的困境。大大加深客户对"品牌"和"优惠"这两个关键词的认知。

售后服务味道：安装结束后离开时，给房间喷洒"除甲醛剂＋香水"，并告知客户。

六、触觉体验：产生更高的依赖感

触觉也是人类的体验之一。据说，缺乏抚爱的孩子长大后内心抗拒肢体接触。

研究者发现，参与者只要触摸一件物品（比如说一只便宜的咖啡杯）30秒钟或更短的时间，就能够产生更高的依赖感，这种感觉提高了消费者想购买该产品的意愿。英国ASDA食品杂货连锁超市将数种卫生纸去掉包装，让购买者更好地触摸和比较各种纸质，其结果是，店内自有品牌的销量急剧上升，货架上该产品的空间扩大了50%。

触觉在销售互动中是一个不可忽视的因素，一项研究发现，与侍者有接触的用餐者会给更多的小费；而在超市中，与消费者有轻微接触的食品促销员能更成功地邀请顾客品尝新式点心，并且让消费者兑换更多的品牌促销赠券。另一项研究表明，店铺内地面的式样也能够影响购物者对商品的评价，柔软的地毯能使人情绪放松，而陶瓷砖地面会造成疲劳感，从而导致顾客比较尖锐的批评。

在家居卖场的导购设计中，利用触觉也是相当不错的选择。比如，如何见证日用陶瓷质感呢？聪明的商家想到了利用人的五感，包括触感，形象的用一句话来形容："明如镜，声如磬，薄如翼，温如玉"。

日本知名设计师原研哉便把五感理念融入设计中。触觉体验更是发挥到了极致。在为梅田医院的标识设计时，为了传达出柔和的空间感觉，他一反常态，摒弃了金属、PVC等常出现在医院的材料，选用了白色棉布。让人与纯棉的触感产生联想，萌生出安心的体验。（如图2-2、图2-3所示）。

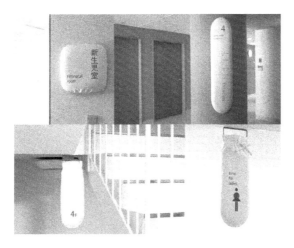

图2-2　日本梅田医院的白色棉布标识

图2-3　棉花

　　还有这位设计大师笔下的民宿，也可能是高级旅社，门前以大小各异、光滑圆润的鹅卵石铺路，让人忍不住想要脱下鞋袜踩上去……

　　人的脚是一个非常灵敏的"接收器"，这源于"远古人类"的生活需要。远古人类通过足底来感知周遭环境：比如通过地面的细微震动，我们的祖先便可辨别是何种飞禽走兽，于是，聪明的商家设计"脚底触感"的元素，让人重温这份通过脚底感知世界的"野趣"，其效果自然比单纯的说教或者视觉要有效得多。

比如，通过手眼协作提笔练字，由于失去了现实需要，我们也就越来越失去了通过触觉（包括力度、方向、节奏、结构上的差异）来认知文字美感的能力。由此看来，我们认知世界从来不是一个单向的由少变多过程，而是一个双向过程——在一些方面知道的比过去更多，但同时也不断遗忘、失落着各种可能。

不过，音乐与画面、味道、触觉，有时候对人类而言，往往能融会贯通，即所谓"通感"，还为品牌将一种感知方式"翻译"成另一种创造了充分条件，这类实践取得的效果往往也不容小觑。

已故作家史铁生在《我与地坛》中就有诗意般的描述：

如果以一天中的时间来对应四季，当然春天是早晨，夏天是中午，秋天是黄昏，冬天是夜晚。如果以乐器来对应四季，我想春天应该是小号，夏天是定音鼓，秋天是大提琴，冬天是圆号和长笛。要是以这园子里的声响来对应四季呢？那么，春天是祭坛上空飘浮着的鸽子的哨音，夏天是冗长的蝉歌和杨树叶子哗啦啦地对蝉歌的取笑，秋天是古殿檐头的风铃响，冬天是啄木鸟随意而空旷的啄木声。以园中的景物对应四季，春天是一径时而苍白时而黑润的小路，时而明朗时而阴晦的天上摇荡着串串杨花；夏天是一条条耀眼而灼人的石凳，或阴凉而爬满了青苔的石阶，阶下有果皮，阶上有半张被坐皱的报纸；秋天是一座青铜的大钟，在园子的西北角上曾丢弃着一座很大的铜钟，铜钟与这园子一般年纪，浑身挂满绿锈，文字已不清晰；冬天，是林中空地上几只羽毛蓬松的老麻雀……

实战干货：泛家居卖场"触觉"的套路

冷暖营销

硬件环境： 采光、朝向、面积会给客户一种冷暖的感觉。

装饰氛围： 主要是展厅的照明、墙纸、装饰品，最好有特色展区。

产品色系： 产品色系通过深浅进行区别，也会有冷暖的区分。

灯光处理： 主要是考虑灯光的颜色、强弱。

倒水温度： 大多是加热水，因为很多人需要泡茶叶。问一句"你需要开水还是温水？"可让客户感受到细微的服务。水温最好不要太烫，同时也不会让客户一饮而尽，从而通过延长客户的喝茶时间来提高客户的滞店时间。

冷饮水机： 很多店面竟然夏天给客户倒开水，最好配置"制冷的饮水机"，这样会给客户一种"一枝独秀"的感觉。

温度调节： 要根据天气情况和季节做好店内空调或者是风扇、暖气的调节工作。

凳子处理： 根据季节的不同而选择不同材质的凳子，主要是夏天凉爽些，冬天温暖些。

待客语气： 俗话说"良言一句三冬暖，恶语伤人六月寒"，所以要注意日常导购的说话语气。

团队温度： 如果员工之间关系很好，客户也会被氛围感染。而员工间关系的冷淡会让客户觉得尴尬。特别是员工之间不能当着客户的面指出对方错误，只能相互补充说明。

终端公益： 在门口挂个"欢迎免费纳凉（取暖）"的牌子，或者针对天气和季节给予温馨提示。

实战干货：五感合一的"心觉"套路

"财运"如何流动

导购角度： 如果导购坐在店里不动，一旦客户进来，导购站起来的同时直面客户的眼睛，会给客户带来心理上的不适应，加强客户的防备心理，不利于最终的签单。

如果导购在不停地走动，就可以解决刚才的问题。一旦发现客户走进来，应从侧面绕过去，从而最大限度地降低客户的不适应感。毕竟如果导购不停地在忙，除了降低客户的心理防备，也在用潜意识暗示客户"我们家生意很好，客户很多，所以很忙"。

产品折扣：价格折扣方面，不要仅限于固定的几款产品，让客户每次过来都有新的产品，新的折扣。

产品位置：每隔大半年把店面的产品位置调整一下。尽量让客户在进店之后能有些新鲜感，不让客户成为来"打酱油"的过客。

导购的站位、跑位和补位

通路建设：首先根据展厅的产品展示（颜色、价格），为客户设定一个最佳的行走路线。最佳的行走路线，是让客户最大限度地逛完整个店面的同时，可以重点关注展厅的主推款式。客户先看什么产品，后看什么产品，在哪个节点上面可以与客户互动，如何提高客户的滞店时间，这些都需要进行深入的分析。

通路流向分类：

靠右习惯：国外大量研究证明，最佳的通路方向是客户进店之后往右转弯。右转弯的客户明显要比左转弯的客户脾气温和，采购量大。主要是考虑到人有靠右的习惯，是一种潜移默化的心理影响。当然了，自己的店面位置最好也是在右转弯方位。

道路宽窄：除了客户有靠右走的习惯，通路大小也很影响客户的流向，如果向左边走的路比较宽敞，他不由自主向左走的可能性很大。

导购站位：客户会绕过导购的方位，所以导购应该站在进门的左通道，最好加上手势引导。

休息区位：在休息区休息最多的是自己人（员工、朋友），而每当客户进店的时候，大家都直直地盯着客户看，客户自然不会走过来，反而会绕过休息区的方位。

产品价格：价格是客户选购的主旋律，无论他购买什么档次的产品，价格也绝对是产品综合比对的一个标杆。所以进门右通道的价格不宜太贵，否则，客户就会变成打酱油的游客，甚至觉得"哇，这么贵"，吓得直接回头出去。

特价产品：可以吸引客户改变方向。所以要在客户可能出门的拐弯处设置特价促销的展区。

软装反差：软性装饰方面的明显反差，也可以吸引客户的好奇心，从而改变走向。特别是可以延长客户的滞留时间，防止客户直接走出去。

通路长短：路程的长短影响客户通路的走向，客户会在不知不觉中习惯走相对较短的路线。

通路速度：客户在通路上行走的速度和成交率成正比，有两个细节影响客户脚步的速度：

A. 客户在比较拥挤的位置行走的速度会明显加快；

B. 客户在人比较多的位置也会明显加快脚步。

站位设定：如果你想让客户进店之后往右走，你需要站在门的左边迎宾。想让客户向左走，你需要站在右边迎宾。

跑位设定：主要是在客户进店之后引导客户购买商品，要绕到客户的侧面跑位也牵扯到服务的动作，无论是选择图册、查看图片还是引导互动，你的服务动作代表你服务的温度。

补位设定：当客户进店行进一段时间后，走到店内的三岔口，假设你需要他转弯，就需要另外一个导购站在对面引导他走向我们设定的方向。可以在日常多演练这种团队协作的技巧。

团队补位：通过感性的话语介绍同事，"下面有请我们甜美纯真的签单管家为你服务"，让客户觉得我们的店面是个和谐环境中的大家庭。

通路盲点弥补：特价、互动、回马枪。

促销礼品诱惑技巧

位置：礼品应该摆在门口尽量靠外面的位置，而不是让很多客户进店之后都没有发现礼品。也有很多店面在门口搭个小帐篷，专门展示礼品。

摆放：礼品摆放的角度，应该正对着客户主要流动的方向。从而让更多的客户从各个角度都能知道我们有惊喜礼品在等待着他。

话术：我们赠送的不是"赠品"，是"礼品"。一字之差，反差很大。

发散：抽奖促销终端化。

终端礼品展示技巧

在日常的终端接待中，引导客户购买的时候，一直"手拿着"定制的礼品。因为有公司的标识，客户很容易知道那是礼品，通过这种心理暗示让客户产生购买欲望。

迎宾语的心理战术

延伸1：迎宾语，根据时间（晨夕）、性别、年龄的不同而有所侧重。

延伸2：这么多品牌，客户都逛麻木了，一定要把品牌名称说出来，刺激品牌认知。同时在情绪上感染客户。

延伸3：客户进店的迎宾语和出店的送宾语相关：进店时要表达节日的问候，离店时要表达节日的祝福，最好有小礼物。

导购台/收银台的心理暗示

客户一般会远离收银台，所以终端要规避收银台对客户心理的影响。什么人直接冲到收银台呢？老板、歹徒、投诉者、收债人。

体验技巧大盘点

体验技巧：实用型＋休闲娱乐型

体验方法：基本动作：闻、摸、踩、拆、敲、掂、听、推等。

独特体验

可以通过道具（砸金蛋）的独特性或者方法的独特性，来展示产品的最大化价值。

互动体验

一定要鼓励客户主动参与，从而在参与中互动，才会找到感觉，找到共同语言。

娱乐体验

除了刻意的产品体验，还要添加娱乐性和互动性，最好将二者融为一体。因为只有身动，才能心动。只有笑容打开，才能腰包打开。

对比体验

要让客户在对比中体验出差异化的效果，从而让产品说话，给客户信心。

特色展示技巧

店面之中必定会有一些展示的道具（灯箱、电视、幻灯片、音乐）或者特色展区（主要是根据产品系列特色打造的一种小氛围），当客户进来之后，把灯箱等道具的灯光、声音、画面打开；等客户走到特色展区之后，把灯光打开。客户会觉得，你的特别展示是为了特别的他。如果不是在客户进去之后把灯光打开，而是一直打开，客户反倒没有备受重视的感觉。

陪坐的技巧

忌讳坐对面：坐在对面的话，客户容易在心理上滋生一种对立谈判的感觉，而且很多时候面对的是女性客户，很容易看到女性的裙底，这种尴尬不要也罢。

最好坐右面：因为大家都有靠右的习惯和用手的习惯。这样无论是沟通的身体语言，还是各种沟通媒介（如查看图册、展示小样等）的交流都比较方便。而且，坐在客户的侧面，有种"并肩作战"的感觉。

洽谈区周边品牌展示技巧

一般在客户真正坐下来之后，说明他的购买意向比较强，这种情况下必然会产生议价的争议。为了打造物有所值的谈单氛围，洽谈区周边的产品应该是偏向高档的，各种品牌高度的展示（荣誉、历史、文化）和电视幻灯片就在周边。这样在彰显品牌高度的同时，对我们的议价产生正能量，利于刺激客户尽快松口下单。

这样的话，虽然万元的产品打折之后是七千，他会从内心认可这是万元的产品。甚至对朋友讲的时候，说这是价值万元的产品。

洽谈区的"咨询处姊妹篇"：每日一个行业内幕的揭秘。

标价签的操作要点

尾数定价新解：尾数的魅力到底在哪里，下面会有详解。

系列产品标价：主要是体现对比性，不要为了自己方便把客户赶跑。

阴阳调和概念：下面详解。

位置左右处理：根据客户靠右的习惯和通路建设的需要而定。

促销尾数效应：无论是最终的价格（整数），还是折扣的数量（点数），要处理好与边际整数（计量单位有别）的关系。

七、案例：宜家的五感营销场景设计

宜家怎么做五感营销场景设计的？

1. 利用视觉影响

利用视觉影响，就是利用场景影响。

宜家的营销，其实从你准备进入店门的那一刻就已经开始了，到了宜家你就会发现那个简洁而醒目的标识。

当你踏入店内，你会发现宜家的商品布置，不是把同类产品罗列在一起标价，让消费者进行对比和选择，他们是将产品的使用环境模拟出来，通过设计师的布置打造出一个个小房间。

在这里，你能看到这件商品摆在家里是什么样的效果，你能考虑选择什么产品来和它搭配，他们表达出了产品的使用效果。你所看到的，就是你将得到的。

这里还有优势，宜家通过优化资源、选点艺术，全面营造出最佳的状态来刺激消费者的眼球，激发消费者的购买欲望。

从色彩缤纷的客厅到风情万种的卧室，还有宜家那随着新产品上市，随着季节不断变化的样板间产品，让消费者感觉到原来家具可以这样布置。从消费者进入宜家的那一刻，就被产品吸引住了，欲罢而不能。

这就是视觉冲击的力量所在！

2. 利用听觉影响

利用听觉影响，就是利用口碑影响。

视觉影响更多的是消费者受到的外界感官刺激，而听觉影响因素更多的是来自外界的语言魅力。

这种影响必须来自消费者相关联的人，可以是朋友推荐的影响，明星代言人的影响，或者是同一产品的用户的评价影响等。只有这些具有影响力的声音才能让消费者产生购买这个产品的欲望。

宜家在这一点上最突出的就是消费者的口碑效应。这其实也和宜家的目标群体有很大的关系。在更多的情况下，设计精美的家具用品是为贵族服务的，但是宜家却不同。

从一开始宜家就走上了另外一条道路，它的目标群体是中等收入的家庭，它坚定地站在"平民消费"的这一边，让他们不用花过于奢侈的钱，就能得到高性价比、惊喜的产品。不论是在这一点上，还是在购物的体验上宜家的口碑是相当不错的！

3. 利用感受到的影响

利用感受到的影响，其实就是利用体验影响。宜家的营销方式还有一个非常显著的特点，就是体验感觉第一。

在这一点上跟国内其他商家在沙发、席梦思床上标出"样品勿坐"或者标示"损坏赔偿"等警告相反。

宜家所有的能坐的商品，消费者都能亲自坐上去感受一下，所有能够触碰的商品，都可以拿起来好好地端详，可以打开抽屉，可以在地毯上走走。宜家还鼓励消费者，"坐上去感受一下吧，看看它有多舒服"（如图2-4所示）。

图2-4　消费者感受宜家产品

你可以随心所欲地浏览自己感兴趣的商品，不会有喋喋不休的销售人员追问、推荐，他们通常都是非常安静地站在一边，除非你主动寻求店员的帮助，否则他们不会轻易打扰你，消费者在宜家能够体会到一种别的家具店不能体会到的轻松、自由！

宜家这种让消费者尽管体验，尽情体验的方法，都是在增加与消费者之间的一种互动，目的就是让消费者感觉这里的产品不错，而且对产品和品牌产生信任感。

慢慢地，消费者甚至会感受到宜家贩卖的不是一种产品，而是一种文化、一种生活态度，在潜移默化之下，一旦有了购买需求，很多人都会毫不犹豫地购买！（如图2-5所示）。

图2-5 宜家轻松的购物环境

在互联网经济成为时髦的今天，不少企业削尖了脑袋往里钻，但宜家却根据自身产品的特性，抓住了线上所不具备的体验性，通过五感体验手段，强化体验。

几乎每隔一段时间，客户都会被宜家各种振奋的新消息吸引，除了在家居圈掀起惊涛骇浪外，宜家在时尚圈也引领潮流。

如果你也是宜家的疯狂爱好者，必定很想知道发生了什么，那么现在就紧跟我的脚步先睹为快吧！

4. 融汇五感，直指人心，明心见性

如果上面只是宜家在五感营销的精彩演绎，那么，我们忘记了，还有五感之外的第六感存在——通过五感，与消费者在精神层面一见钟情，无论是爱还是惊喜，总是让你得到精神上的震撼。

宜家的设计，已经不满足于只是功能性的陈列，而是将电影、时尚与音乐圈各种元素打碎、拼贴重组，端出另一套文化大餐，我们常说五感营销，宜家的设计大咖们更是将五感外的另一感"意念"，发挥到了极致。

走进宜家的新卖场，一种颠覆性的创造理念扑面而来，从展厅外面的布局来看，感觉已经颠覆了宜家过往的家居风格。从艺术风格来讲，有两种倾向：一种叫无我之境；另外一种叫有我之境。比如"采菊东篱下，悠然见南山"，比如"花开红树，草长平湖"。无我之境强调客观自在，有我之境强调主体与客体统一，讲究强烈的情感表达。比如八大山人朱耷的画，比如"感时花溅泪，恨别鸟惊心"等。宜家的新展厅有强烈的个性化表达的情感倾向（如图2-6所示）。

图2-6 个性化的宜家展厅

很多品类与空间展示玩的是小众，但适合它的人往往一见如故，拍案叫绝。至于价格嘛，已经被边缘化了。不喜欢它的人更是带着欣赏的眼光看这种另类的表达。这个世界，总有另一种力量存在，这就是设计的最高境界，通过五感，直达第六感，实现自我在客体的表达。

宜家和艺术的相遇，是商业与灵感的碰撞，双方也借此机会，得以向消费者传递一种精神内核——做自己，并将这一信息贯穿于整个系列。

至此，宜家似乎走了一步"险棋"，"动人心魄"的设计与场景表达，将人类的五感与之外的第六感都调动起来，虽然在视觉与心灵上产生共鸣，但基于中国消费者的想法，是否真能落实到购买行为？这确实是一个未知数。

家居建材的品类，以场景进行有效的组合，绝大多数都是突出"无我之境"，即比较宜居的家庭氛围，欧式古典、新古典、明清式、简欧、美式田园、禅风等，本质上还是让主体——人，通过空间获得认同，觉得舒服——一种心理上的沉浸，而不是震撼。宜家的视觉创意层面的场景表达与夸张的产品设计直指人心，让爱的人"一见钟情，疯狂地爱"，在艺术上，这是"有我之境"，家居氛围、品类设计，是主体（业主）精神的个性化表达。这固然容易形成强烈的记忆点与心灵的震撼，但是与人性的居家原始本能——希望获得沉静（一种类似母体子宫般的舒适与安详）似乎相悖。

八、移动互联网的思维让场景"活跃"起来

不只是五感营销，让五感构建一个场景，并且让这个场景"活跃"起来，才是所有实体门店的出路所在。

通过"局"理论，我们知道最高境界的做"局"，是通过"基本服务、增值服务、硬性洗脑、软性洗脑"四大基本元素构建一个场景，快速实现销售成交的过程。家居建材五感营销，更多的是硬性洗脑与软性洗脑，而有效的场景与互动，更多的是让场景"活跃"，让五感融为一体瞬间触动人的灵魂。因此，营销场景化，在每个场景中与消费者实现互动是做局的关键。

那么，如何让五感构建的场景"活跃"起来呢？

1. 有内容

所有 APP 都有内容，而不仅仅是空洞的功能。比如你在健身 APP keep 上不光可以根据指导健身，还可以看到其他人的健身结果，还可以感受到健身的意义。同时，由于相互的比较处于实时的动态状态，更激发了你的求胜心理，每天跑多些，排名靠前些，分享之后点赞多些。

同样，设计线下场景就要参考 APP 的设计思维，提供意义、故事

和内容。

家居建材类的产品，包括家电类的产品，这么多年以来，一直推广的是产品的有形价值，如功能、造型、设计、质量、颜色、工艺等，诚然，这样做也没什么错，每个时代、每个阶段诉求的重点往往是不一样的。客观地讲，传统家电类、家居建材类的产品，品质的差异并不明显，模仿性能也强，但是，移动互联网时代，必然把那些没有品质，没有情怀的产品淘汰掉，尤其是随着 90 后登场，他们对一般产品的有形层面的关注已经弱于对产品无形（价值）层面的关注。

因此，为产品讲一个动听的故事，勾起一代人的情怀，迅速把产品与这类人内心最温暖的东西联系起来，必定能成为话题，成为自媒体传播的对象。一切自媒体传播的特性，可以说是"非话题不传播""无话题不营销"。

任何一个精心设计的"场景"必然是有内容的。人们真正消费的可能并不是你的干炒牛河，而是其背后的故事、充满谈资的制作工艺以及吃一盘牛河所代表的意义。

所以，塑造场景，先多讲讲故事吧，当然，这个故事要引起人的共鸣，勾起人心中最柔软的部分。

2. 有互动

我们知道，APP 上设计了很多互动活动，同样，你也应该在线下的场景中设计更多的游戏或互动，以此来丰富你的场景，让用户"玩起来"。

比如，罗辑思维发布"真爱月饼"，设置"众人支付"的玩法，用户把月饼购买链接分享到朋友圈，可以让朋友每人 3 块 5 块，很快把几百元的月饼订单凑齐。

比如，优衣库在自己的门店中组织"搭出色"的活动。

传统家居建材，包括家电类的产品，没有互动的营销，几乎没有人气与关注点，如现场活动、传说人物造型、动物造型、抽奖、秒杀等。总之，互动场景的设计尽可自由发挥，但是别忘了，线下任何互动的场景都要有引人注目的活动或者载体，在此基础上，尽量吸引消费者扫码，通过扫码，后台设计互动促销活动，如抽奖、领礼品、回答问题、零元秒杀、优惠券等，这样才能增强活动本身的黏性。

3. 有跨界合作

同样，通过五感营销，店面、产品既然塑造了场景，何不引入各种跨界合作？

线下营销类的活动，比如家居建材行业的团购联盟，利用二维码的凭证或票据功能，轻松地实现跨界合作。

比如，家居建材类的产品与婚纱影楼合作，推出拍婚纱送建材产品，或享受建材品类的折上折或特价等；和银行合作，推出装修贷款等，让银行掌握的庞大数据，直接引流到建材实体店面。当然，这种联合促销，要设计好利益分配机制。

家居建材的各个品类还可以与传统家装公司合作、户外相互推广、展厅相互宣传与销售、相互引流等。

移动互联网最大的好处是信息透明化、去中介化。比如，传统建材、家电类的产品，可以在企业进行工厂直销，直接在企业设置临时展厅，以工厂直销的名义联合推广。

总之，你的产品、店面甚至你自己都可以变成一个"场景"，引入更多的跨界合作。

4. 有社交

可以为你的五感营销构建的线下场景加入各种各样的社交属性。

比如，有一阵子，小苹果广场舞非常流行，在大江南北，借助热点话题，时尚运动，某企业迅速在全国的主流城市组织了区域化的大妈广场舞大赛，大赛的设计巧妙地融入了各方利益。比如经销商要利，要流量（人流＋影响力），媒体要新闻，活动的主角——大妈，更有情怀，更渴望有一个平台可以展示自己，让自己活得更加精彩。所以，厂家派出自己的营销人，以驻地自己的经销商为主导，联合 15 个互补品牌的经销商共同打造区域市场的小苹果广场舞大赛，让经销商成立策划团队，成为幕后的推手。经销商提供赞助，报名地点、比赛出发点均放在政府提供的广场，但报名安排在经销商各门店处，这样，人流量就有了保障，加上媒体对每一轮赛事的报道，影响力也出来了。

5. 有分享

用户喜欢分享，尤其喜欢通过分享获得一时的出名机会。

我们可以利用微信、微博、快手、抖音、论坛、QQ 等，要求顾客在自身的自媒体群中分享实体店的促销内容，当然，用户分享过程中，要设计一定的利益分配机制。比如，微信转发 50 个朋友圈，收集 100 个赞，即可到店领取精美礼品一份。**还可以玩更狠的，如三层分销系统、社群裂变等，最近拼多多比较火，它的模式是典型的基于微信端的团购裂变模式。**

第三章

赋能新零售：新技术、场景与销售

一、新技术、场景与多元渠道

现在传统行业线下门店的流量已经被瓜分得差不多了，在家居建材、家电行业，比如，某年深圳的建材家居市场，单 4 月底的某一天就有 27 场团购活动，这个数据还不包括以其他形式开展的终端促销活动。所以，厂家与商家都在抱怨，流量越来越少、竞争越来越激烈、成本越来越高、利润越来越低、人员忠诚度越来越低、员工流失率越来越高、手段越来越丰富、效果越来越差……最后得出一个结论：不做促销是等死，做促销是找死。

当然，这个话带一定的感情色彩，实际上，市场难做有很多原因，宏观原因是经济 L 形拐点，厂家越来越多，产品同质化严重。微观原因是厂家所面对的市场生态环境发生了根本性的变革。

那么，市场到底发生了什么样的变革呢？

我认为，随着移动互联网时代的来临，三个最明显的市场趋势从根本上颠覆了企业营销的传统套路：渠道碎片化、信息碎片化、时间碎片化。

先说渠道碎片化，渠道碎片化，意味着消费者购买产品的接触点越来越多，比如建材家居行业，原有的传统渠道不断细分，线上、线下结合的渠道近几年雨后春笋般地冒出来；比如互联网就有几十个全国性品牌，而区域性的互联网家装甚至有近百家，至于线上、线下结合的冠之以家装新零售模式的区域性品牌，则是多如牛毛。但市场流量毕竟是有限的，这就使得有限的市场流量被快速增加的不同渠道形式瓜分，甚至一个二维码的存在，使得原来的单纯以广告形式出现的载体，比如单页、海报、灯箱、户外、车体、门头等，都可以成为新的细分渠道。

再说信息碎片化，相对于移动互联网时代的传播特点，原来我们接触信息的渠道往往是比较单一的，比如报纸、电视等。随着移动互联网时代的来临，人的信息接收媒介很大程度被手机上的各类 APP 占据，比如微信、抖音、今日头条、微博、快手等，成为时下人们了解信息的主要渠道。

最后是时间碎片化，现代人生活节奏快，社交圈子越来越多，信息渠道碎片化、销售渠道碎片化，这也使得时间相对以往更加碎片，现代人很难有时间静下心来长期地关注一件事。

既然时间碎片化、信息碎片化、渠道碎片化已经是这个时代的主流，那么背后的原因是什么呢？

我们常说，科学技术是第一生产力，没错，技术的发展日新月异，这才是营销套路变革的内在驱动力，也是新零售时代流量多元与成交技术升级的内驱力。这些内驱力包括二维码、LBS 技术、陀螺仪、音频视频识别技术、VR 技术、智能穿戴设备等，这些移动互联网时代的关键技术根本性地颠覆了现有的市场规则，成为新零售的技术之本。

二维码成为线下、线上（新零售模式）的关键技术，消费者可以通过扫码，直接进入二维码的预设通道，比如票据、凭证、视频、音频、画面、微信微博号、论坛、网址等，总之，通过扫码进入后端，可以自由定义。

LBS 技术使得人的位置被精准锁定，这就使得基于地理位置衍生的需求可以马上得到满足，如生活服务类（打车、购物、养生等）、家居建材、家电类等需要地理位置需求、深度体验需求的产品能够马上实现对接。

VR 技术使得人可以进入虚拟的空间，脱离线下有限的空间，实现无穷尽的线上体验，甚至可以自主 DIY，把自己的主观意见融入未来的产品。

而其他智能可穿戴设备可以采集人体各类生理甚至心理数据，通过云计算，实现大数据的分析与判断。

正因为如此，未来的实体门店营销体系构建一定是 SOLOMO 模式，即基于移动端的、本地实体店的、针对特定社交圈子的、个性化定制的商业模式。

那么，这对于家居建材、家电类的产品有何借鉴意义？

我认为，最明显的趋势是，未来家居建材、家电行业的主材包中涉及的品类，在终端表现形式上将衍生出三种形式，一种形式姑且称之为新零售体验店（A 类店），它将集展示、体验、服务、线上线下推广、培训、销售等功能为一体，它的位置不一定离消费者最近，但一定是功能最全、面积最大、形象最好、投入最多。

一种形式为 B 类店，对于家居建材、家电类产品而言，我认为其主要体现为离最终用户最近，如家装公司、社区店等。而终端的最小基点，我认为是微商，即人人都可以成为终端，通过手机商城 + VR 技术，实现对产品深度体验与理解。

流传最广的佛教经典之一《心经》认为，我们认识外部世界是通过六情：眼耳鼻舌身意，去体会与感知六尘：色声香味触法。现在的智能手机也具备其中四种感觉：摄像头提供了视觉，话筒提供了听觉，GPS 精准定位了所处的位置（这几乎是所有智能手机 APP 的必备功能），陀螺仪提供了可以感应到的运动方向。

所以，移动智能的伟大之处是，从物理世界中挖掘出精准需求

（其实就是大数据），并引导给线上的世界。然后线上、线下交互。据说苹果就开发出来一款 APP，可以根据地理位置，结合某个客户的个性化需求，为其提供一定地理范围内的优惠促销活动信息。

所以，基于移动智能端的技术，也许背后隐藏的是一次伟大的商业模式变革，家居建材、家电类购物将发生翻天覆地的变化。

未来的家居建材、家电类购物体验也许是这样的（如图3-1所示）。

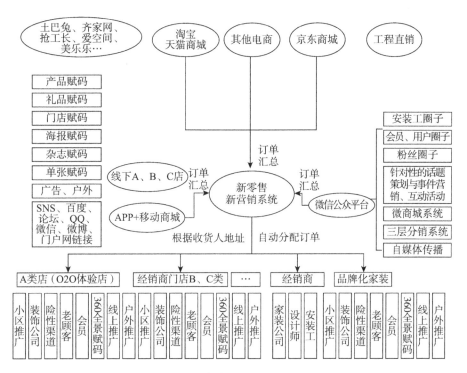

图3-1　未来购物体验流程图

场景一：消费者在现实生活中，比如看电视，听广播，路过线下活动现场，收到企业派发的单页折页，看到海报、墙体、喷绘灯箱广告等线下视觉广告时，可以通过手机扫描二维码（最好设计让消费者主动参与扫码的活动进行交互），将他们引导至你品牌的线上世界，进行更深入的互动，对电商来说其实就是把线下的流量导流至线上。

消费者为什么会扫码？毫无疑问，对于整个家居建材、家电类产品而言，以社区为单位的产品展示、终端体验，再加上一些社交活动、促销活动，肯定能促使消费者主动关注二维码。

场景二：消费者在线上选中家居建材、家电某个品类后，他只能看看大致效果，因为家居建材、家电的品类，如照明灯饰、陶瓷、卫浴、地板、木门等本身就是需要深度的体验和触摸的。所以消费者自然而然想实际体验一下。

通过手机地图导航（任何一款APP都必备的功能之一），我们可以引导他们到最近的线下实体店。这个店可以是自己的，也可以是别人的。反过来，消费者在线下实体店体验并选中商品后，他肯定要进行比价，一旦发现网上的价格便宜，其必然想用网上的价格购买，接下来消费者可以在店里用手机扫二维码，回到线上商店直接购买。

因为是通过手机连接的，后台完全可以记录下这种引导交易的发生。线下实体店和电商可设计销售分成，变成一家人。线下实体店提供了好的购物体验，给线上带来生意，自然而然要求销售分成。

如果消费者比较心急，想在实体店里马上就拿到东西，其愿意用稍微高一点的价格买下，实体店也可以给电商分成。双方不是你死我活的互相恶性竞争的关系，变成线上、线下一家，共荣共生共同发展的关系。

场景三：在线下实体店里，消费者看中了某些家居建材、家电的品类，如照明灯饰、地板、陶瓷、卫浴、木门等。当他要作购买决定时，通过手机，他可以有很多选择。如果他不确定是否需要购买，他可以用线下体验店提供的3D设计情景软件，生成情景效果图（比如宜家开发的情景增强APP软件，消费者只要提供家庭的面积、户型图，就可以用这款APP在自己的手机上生成布置效果图），然后，共享到手机客户端，分享到他的社交网络，询问家人的意见，是否好看，是否适合自己，让他们的亲戚朋友给出购买建议。

场景四：如果朋友们都说好看，建议他买，在付定金的时候没有带足够的现金，或者卡的余额资金也不足，不要紧，用手机拍下收银条上的二维码，手机上就出现了他购买的东西清单价格。问他是否确认支付，确认线上支付后，他又可以选择。

他还要继续逛街，继续选购家居建材、家电的其他品类。他在手机商城上按确认键：请送货至我的家庭地址。于是交易完成，会员积分也通过手机直接记录了。店员朝他微笑："感谢惠顾!"他就可以继续逛下一家了。

手机扫码即可付款当然很方便，这件事情微信与支付宝都在开始做了。毫无疑问，他们走在了行业的前列。这是一个巨大交易金额的移动支付网关。需要 POS 机支持功能，可以打印含二维码付款链接的收银条。如此巨大的支付市场一定不是谁都可以做的。当然也牵涉到国家法律层面的问题。

场景五：消费者收到货之后，用手机拍照，就可以直接通过手机在线上提交商品评价（自建的商城或者第三方平台，不过我认为第三方的垂直平台比较靠谱），并分享到社交网络。商品全部采购完毕，家装全部完成之后，消费者就可以把自己的整个家装效果及评价发到不同的社交网络平台。

好的商品评价加上非常方便愉快的购物体验又能给品牌带来更多的销量。

这就是当下乃至数年后我们的真实生活，电子商务未来趋势很重要的两点就是 SoLoMo（索罗门）和 O2O（新零售）。So 社会化电子商务就是线下世界的社交网络，Lo 本地化电子商务就是线上世界的实体店。也就是线上世界的线下营销活动，他们最终通过 mobile 移动设备全部连接到了一起。SoLoMo 最终还是合并到了 O2O（新零售）。从线上导流量到线下实体店，线上、线下交互。

科学技术的发展日新月异，突飞猛进，几年之后乃至数十年后，随着人机交互技术、现实增强技术的突破，毫无疑问，移动设备的体积将变得更小，更易于操作，更准确地感知现实世界，更加的智能化，更加的以人为本，更加的人机合一。

毫无疑问，每个人都会有一个智能辅助终端。它的样子可能就是一个挂在你眼睛前的镜片，也可能是戴在你手腕上的设备，最离奇的也许是植入你大脑的芯片，这些智能设备随时感知你眼前的现实世界。适时将你连接到线上世界，将线上世界的信息呈现在你眼前。

数字化的世界离奇而又充满了不确定性，就像贾宝玉的太虚幻境，像黑客帝国里面的机器人世界，像《阿凡达》里面的异度空间。未来的世界，可以想象又不敢想象！

二、新零售成交系统之找到顾客

移动互联网时代的新零售，影响的不仅是店面的形式与运营模式，在细节层面，影响最大的是流量入口与成交环节。这几乎是颠覆性的。如果说传统的店面成交偏重于等客上门，或者简单的小区推广、异业整合、家装推广等初级手段，新零售的店面成交则可以借助上述技术实现成交环节的升级与转型。

成交的环节可以初步理解为五个动作：找到顾客、吸引顾客、黏住客户、成交客户、深挖客户。

下面我们看看，新零售下每个步骤的一些亮点。

找到顾客

利用微信吸收粉丝，或者介入成交的全程，简直就是新零售的核心（仅限于家居建材传统店面成交与引流这个层面）。下面的每个成交过程，细心的读者都会发现，有二维码＋微信的影子。需要特别提醒的是，360度全方位接触点营销不能少了二维码，但令人遗憾的是，大多数企业都没有用好二维码，二维码要想发生作用，必须有两个关键点：一是吸引人，二是黏住人。吸引人靠出格或出钱，黏住人靠互动或者参与感，通过二维码＋微信＋LBS营销，下列所有的接触点均可以变成销售渠道，直接引流到线上商城或者活动现场。

（1）顾客消费所得到的积分，以后均以红包的形式发到顾客的微信中。如果顾客不加导购的微信，毫无疑问，红包发不出去。在发的过程中顺便推广告，当然推得不是很厉害。这是针对顾客的。

（2）找到城市的准顾客资料，发送短信，邀请到店领取礼物，或者直接派发二维码，让顾客自己扫码或者到店，然后关注企业微信号。

（3）360度的宣传物料分别印上二维码，如折页、海报，单张、车体、灯箱、户外、名片、小礼品，展架等，扫码加粉丝。

（4）用礼品吸收粉丝，礼品是大众比较乐于接受的，如折扇、雨伞、纸巾、笔、烟灰缸、环保袋、笔记本、镜框、盆景、扑克、象棋、卡通形象等，上面印上二维码，吸引粉丝扫码。

（5）组织线下的各类圈子设计话题，组织线下活动，如讲座、沙龙、抽奖、茶话会、旗袍艺术、红酒讨论等，然后写成新闻稿，现场吸收粉丝，实现二次转发。

（6）非竞争对手导购、店长、老板，在专业市场疯狂加粉丝。记住，把二维码粘在手机后面或者屏保上，发红包，发优惠券，在具体设计上，可以安排带人就有提成；长期经营，慢慢培养一批铁杆好友，利用生日会、联谊会、福利会、月度沙龙＋培训会等，构建自己的人脉圈子。

（7）专业市场人海战术，疯狂拉客。从顾客进门，帮他开门，帮他打伞。记住利用二维码＋创意礼品＋微信，快速建立连接，成为顾客微信朋友圈好友。

（8）小区共享礼品：

①共享雨伞，印上二维码，方圆10~20公里小区、高端餐饮场所、高端会所、酒店等，放置共享雨伞，共享雨伞要做得非常精致，上面是品牌标识与二维码，随用随取，用后归还。不还怎么办？不还就不还吧，你的联盟品牌10个商家，每人也就损失1元。

②"停车太帅处罚单"（临时停车牌），防止别人刮花你的爱车。

③高档车的遮阳用伞，上面有二维码与品牌标识。

④跳广场舞的小扇子。记住了，一定要做得非常精致。切记不能向"莆田系"的扇子看齐。

⑤小区门禁卡，反面是我们的广告，上面有二维码。

⑥免费 U 盘，里面 500MB 是我们的素材库，以及本小区的样板房 AR 效果图，当然还有产品介绍，还有产生互动、免费设计、申请表格等。顾客一用，爱不释手，建立黏性，为下一步成交作铺垫。

（9）任何楼盘都有老业主群以及新业主群。进群先发个红包，自我介绍一下，然后一个一个加粉丝，多互动，多送红包；寻找话题、互动、二次转发，熟悉群主，联合促销。

（10）进入当地各类高端社交群，如女子旗袍会、美丽人生健身会所，进群就发红包。

（11）高端会所、别墅。比如，美容院、SPA 馆、高尔夫会所、健身中心、桑拿馆、高端的足浴按摩会所、高端的美容美发会所、房产中介、家装公司、车友会、车主群，共享交换，这些社群既有线下的固定场所，又有 QQ 群或者微信群。

（12）小区物业是重点公关对象。物业、保安、清洁阿姨，他们喜欢什么？"柴米油盐酱醋茶"，他们待遇低，喜欢这些东西，吃人嘴短，拿人手软，后续的帮助，你懂的！

（13）老客户样板房，全城征集。一年之内，免费参观体验，二次转介绍，在样板房的现场，注意好全方位的情景体验，准备好小的平板，大的触摸屏，以及各类家居或者智能家居的素材库。

（14）老客户的系统扩单方案。加微信、发红包扫二维码、填写问卷、吸引上门领取礼品，然后组织老顾客带新顾客的活动，可以在酒店进行，现场扫码、答题、互动、讲座、抽奖、节目表演、售卡、收定金。

（15）本地生活服务号。比如，南昌地保网、同城吃喝，他们虽然没有全国性的影响力，在他们身上发广告，跟他们利益分配。

（16）携手本地的微商大号，共同策划联盟活动或者利用他的个人影响力或者他的平台影响力，建立活动的引流渠道。

（17）待装修小区：广告杯、广告水、广告报纸、太阳伞，上下班和吃午饭时间的公关，物业管理人员（主任、保安、装修审批人员、保洁人员），送货（广告衫、车体），安装、测量人员。

①建材城：太阳伞（餐厅、小卖部、大门口、路口、街面店自家门旁），服务台（杯子、鼠标垫、杂志、烟灰缸），中层干部及执行人员，送货车，送货工人，楼层广告宣传栏，一楼（或附近必经之路）商家的关系。

②友好一线品牌，终极策划是品牌联盟。相关企业操作知识的杂志或者报纸，开业或者活动花篮，行业消费指导价，相关装修内幕，家居风水手册，大型业主见面会，样板间，团购礼品，互相提供礼品，配合撰写装修日记，店面中的易拉宝、宣传页、展架，网站链接，宣传页发放人员，广告衫，现金券在相互店面中的赠送，其他渠道和道具的全方位介入。

（18）日常品牌宣传，人手不够时：

①闲置导购资源的整合。导购大多数时间都是闲置的，可以对工作内容进行调整。让他们中的一部分人去小区推广或者通过设计师公关等渠道推广。真正的高手不仅是整合自己导购的资源，而且要整合关联品牌的资源。怎么整合？还是几句平常话——"晓之以理、动之以情、诱之以利"，跟导购谈道理，告知他们与我们品牌合作有哪些好处，所以设计利益分配机制是关键；当然情感联系必不可少，通过给导购发红包、生日祝福，举办联谊会等，加强与关联品牌导购的联系，提升融洽度。

②售后人员的整合。当你的工作完成时，可以坐电梯直达最高层，然后以"样板房推广"的形式，一层层地往下扫楼。

③售后服务车的广告。把送货车全部做上广告，同时在卸货后，把车停在最显眼的位置。哪怕是自己外面叫来的车，也可以付很少的费用做广告。

（19）店外的"性感"装饰：只为"一见钟情"（外表美，性感）。店内装饰：打造"第二眼美女"（心灵美，感性）。

（20）街面店"卷帘门"广告：首先，可以将卷帘门的颜色刷成品牌色，和整体门头融为一体，形成一种从远处就很容易被吸引的震撼颜色。其次，用油漆将"品牌名称"很显眼地喷上去，从而最大限度地发挥广告效应。

作者备注：在本栏的多元引流手段中，你能在每种手段中融入二维码＋LBS＋微信，往往事半功倍。

（21）建材城和团购网的借势策略：

①活动前期，做好待装楼盘的宣传工作，可以争取与他们合作，他们搭好的台子我们提前唱戏，他们铺好的路我们先走一下。多联系他们的中层经理，从而让业务员在这个圈子里面也有个依靠，利于业务员以"资源共享"为资本，在圈子里打开场面。

②借势的渠道。门户网、房产网、开盘和交房现场、进城主干道附近居民房的墙体广告、知名饭店酒店、KTV、洗浴中心、大超市、商场、购物中心、指定几个中心街区的限时居民户喷绘宣传等。

③××地区（团购网、门户网、社区、建材城）团购定点商家。告诉客户凑齐五个客户才可以拿到团购价，客户登记好后，至少隔日回复客户，从而给客户一种取之不易、值得珍惜的感觉。

④在房交会，楼盘开盘的现场门口就派业务员带着卡通气模去发宣传页，根据先入为主的心理，配合蓝海战略，功夫做到比谁都早（平时本地房产网的宣传也是这样操作的）。

⑤在建楼盘上面的大型户外广告（与架业合作）是比较好的选择，周围新小区，辐射面比较有针对性，成本比建材市场低。

⑥通过广告公司在"在建楼盘"附近的院墙广告（最好不要那种刷涂料的广告，用喷绘做最好，可以随时更新，便于促销活动宣传），在某些地区还是很实用的。

⑦新开发的楼盘下面的商铺商户入驻较晚，所以我们和新楼盘下面

的商铺负责人合作，在没有被出租（售）之前挂上我们的冠名广告牌。

（22）边角料广告集锦：

①市中心，部分公司的阳台广告。

②市中心，部分居民房上面的遮雨棚广告；部分居民房上面夜晚时间的 LED 发光字广告。

③在城市周边的民房上面喷绘墙体广告，不是围墙上的那种（有些想"转让"的店面也可以借机使用）。

④送货车上面可以加空飘或者小气模。

（23）类似《衣食住行》等的地方性纸媒体或者区域自媒体，大面积投送报纸（重点是这种渠道）或者合作分成模式。

（24）大多城市都会有种集散地，是一群"木工""水电工""油漆工""敲墙工"等放个牌子站成一条街，像个小型的人才市场似的。

（25）本地报纸、报亭、大超市、公交卡充值中心、商业中心（根据城市的大小和购买力区别对待）VS"卡通气模的节假日普民宣传"VS 商业中心附近早餐店的围布喷绘。

（26）穿着卡通气模的形式发单页。比如，"西游记"人物造型、"卡通动物"造型、"衣着略突出美女"造型等，吸引顾客注意。当然，别忘了发放单页时，吸引顾客扫码，否则"花钱买吆喝，叫好不叫座"。

（27）新开发楼盘门口都会有些烟酒、玻璃、门窗等店面，可以免费帮他们制作"冠名门头"，条件是免费使用墙体广告。

（28）新建设楼盘都有铺位或者样板房，租下来成为自己的样板间。发放广告，进行深度服务，比如免费量尺寸，设计促销活动，增加黏性。

（29）城市各大洗手间，免费赠送公益贴纸，宣传公益内容，顺带品牌广告。

（30）将自己的活动二维码与其他品牌做成灯箱或立牌的形式，如婚纱影楼，购婚纱，扫码送××，或者购××送婚纱等，相互引流。

（31）促销时和户外可以做广告的中心街区公司谈判，租借一个月的广告位。

（32）使门头和墙体组合而成的整体色调浑然一体，而不是简单的挂个品牌门头。

（33）撰写软文章，曝光行业的装修内幕。

（34）城市特色的表演艺术，捏泥人、吹糖人、剪窗花、折纸等低碳手工礼品。

（35）窗贴（特别是自己的客户家装修现场）。

（36）落地公益：

- 当地知名的小学、幼儿园。别忘记吸引当地主流媒体现场报道。
- 以集团的名义支持受困新闻人物（集团派人来）。
- 老社区开展"免费磨刀、量血压、健康咨询"活动。

（37）紧跟当下时势热点。在招商展会或者促销活动上，关键位置宣传相关内容。注意门头促销的同时注重门口路面的地贴和地毯的长久使用。

（38）婚庆时，送些鸡蛋，印上二维码，设计互动活动。

（39）做几千件文化衫，印上二维码、创意标语，吸引扫码。

（40）在当地的文化活动中，比如当地名人的节目当中穿插我们的话题内容。

三、新零售成交系统之吸引顾客

什么是"吸引顾客"？当然是引起顾客的关注，至少在微信朋友圈不愿意把你拉黑，或者把你删掉。现在，人与人的社交圈子往往集中在线上，而线上又以微信、抖音、快手、微博、米聊、陌陌、社区等为代表，但效率最高、效果最好的当推以微信为主的社交平台。我们站在新零售"吸引顾客"的角度，讲一下微信朋友圈如何经营好内容。

1. 微信朋友圈的信息方向

（1）新品信息：图片＋文字。

（2）产品工艺信息。

（3）生产流程信息。

（4）量房信息。免费量房的信息，顾客一般都容易赞成。

（5）安装服务信息。多发真实的客户送货效果图，配上客户最好，客户见证比什么都管用，这样才能给潜在客户以冲击。

（6）售后服务信息。

（7）店面形象信息。

（8）样板房信息。

（9）房间验收合格信息加上客户点赞信息。

（10）明星代言信息。

（11）品牌投入信息。

（12）品牌获奖、专利信息。

（13）促销活动火爆的现场信息。

（14）成交晒单信息。和买家的聊天内容不要删除，任何一个买家的聊天截图都可能给你带来更多的转化，不提倡用软件生成，真实才是最好的。

（15）设计的3D或者AR效果图信息。最好是这个户型具备的。

（16）团队建设信息，比如团队成员比拼业绩、颁奖活动、拓展活动。

（17）**转发客户的成长、励志、正能量的故事**，你可以尝试发一些你的照片，例如你小时候胖嘟嘟的照片，点赞和互动至少是平常的3倍！

（18）个人奋斗信息。

（19）公益慈善信息。

（20）生活绝招：处理突发事件，挽救一条人命，溺水急救，1分钟清洗污渍。

（21）话题营销：曝光家装黑幕，转发社会热点信息。结合热点事件去发朋友圈，比如健康睡眠日、爱家日等。

（22）家庭私密信息：亲子、娱乐信息。在朋友圈发小孩子和美女的图片，你永远不会被拉黑！

2. 信息分类与频次

（1）纯商业类。

（2）公益类。

（3）知识普及类。

（4）正能量类。

（5）话题类、公关类。

（6）私密、亲子类。

（7）朋友圈的发布时间不能太规律，但是大概的时间范围要把控好，不是让你一上午就发四五条，那样做就等着被拉黑吧。内容要多样化，不能太单一，尽量做到真实，贴近你的圈子。**频次：每天 3～5 条，少了太安静，多了人家认为你在刷屏。每天 3～5 条，分别是不同的信息，早上最好正能量，中午商业＋团建，晚上生活绝招＋公益＋私密话题。**生活和产品推广穿插发，图片随意，但是要有亮点，文案短而精，要有底蕴。

（8）不要刷屏，刷屏只能体现你是一个低级无趣味自私的人，对待每一个这样的人，我相信朋友圈的人都会选择拉黑！

（9）文字最好 100 字以内，有条件的话分两段，如果全文只有一个段落，阅读量少一半。多用提问的方式发朋友圈，例如，床垫买硬的还是软的好？因为每个人都需要存在感，待有人评论了，互评就拉近了关系。在要突出你重点表述的地方加上一些常用的符号和表情，这样容易让人产生连续性记忆！朋友圈发文字，建议用不超过八个字一行排版下去，这样比较好看，还可以根据语境适当加上表情。

（10）**图片的中央，最好是公司标识或者展厅形象、品牌形象。**

（11）艺术照要有吸引力，不要有风景、小动物，也不要把自己孩子的照片放上去。建议配上 10～12 个字，规律如下：公司＋行业＋某人＋广告。

（12）**我们通过朋友圈卖产品，那就直接些，可以把你的微信朋友圈封面改为你卖的产品！** 个性签名改为：如果你要买××，那就找我，这才能让有需求的人知道。与朋友互动聊天的背景跟公司品牌有关。

（13）朋友圈的文案最好是原创，如果实在是没有文字功底的话，可以关注那些微博大号，总有几条文字适合你。如果你发的朋友圈没有人和你互动，那你也可以伪装人气，自己去评论，反正只要你的粉丝之间没有互相关注。

（14）微信里面有分组，但是很少有人会用到，利用好分组去打标签，设置意向客户、成交客户、待跟进客户，合理管理微信人群，方便后期有目的性地跟进。

（15）微信有个置顶和免打扰功能，还有标签等功能，可以把一些客户分类整理好，有利于回访客户。

四、新零售成交系统之黏住顾客

（1）黏住顾客的关键词：圈子、话题、互动、二次转发。因为只有针对特定的圈子，设计属于他们的话题，他们才会感兴趣。也只有这样，特定的群体才会有效地与你互动，才会愿意转发，产生裂变。

（2）首次加好友，点赞，互动，其他都跟朋友圈操作一样，但互动必须加强，发红包、登视频，可以多发红包。初次加粉丝，送红包，做自我介绍，附上标准文案：公司、某人、强项。首次加粉丝，点赞、背景图、竖拇指，一次 3～5 条，3 天一次，不可太频繁（为什么不是一条？一条引不起注意，另外不能用语音，要用文字，只有在聊天的后半段才能用语音。）比如开车只能用语音，不要点赞，点赞是下下策，哪怕竖起拇指的标志都可以。

（3）宣传推广微信号必须要有噱头，最好是能真诚一点，关注送礼品，要么就直接简单粗暴，关注发红包，总要有付出才会有回报！

（4）如果你在哪里做了分享，很多人会找你要 PPT 吧？你把 PPT 上传到网盘上，做一个分享链接。然后告诉大家，加微信回复 PPT，就可以获得今天的 PPT。这时候会出现什么情况？嘿嘿，很多人为了要 PPT 过来加你。

（5）**切忌群发短信，群发之日，就是你被拉黑之时，公司号建立的微信朋友圈子，切勿用检验僵尸粉功能，否则，你会被拉黑或者被直接删除。**

（6）微信小视频每天最好不要超过 3 个，你可以试试，微信你的粉丝感兴趣的小视频是最受欢迎的，如果一味地发，只会让人反感！

（7）聊天背景图，最好是你们公司的背景，或者是品牌形象，明星等。

（8）**聊天的时候，每隔 50 字左右，空一行。里面可以夹带些表情图，活跃气氛。**

（9）**后续互动，不限制在朋友圈，还要一对一管理。**也是一对一发吸引他的信息。但每次发信息前最好先发红包，能否天天发信息？不可以，最好 2～3 天发一次信息。

（10）**跟朋友在微信里说点感想、观点、赞美、建议等。**人在什么时候容易快速地建立感情？他有困难的时候，你关心他，甚至帮到他。所以逮住这样的机会，你的金玉良言，你的微不足道的行动会让他深深地记住你。

（11）**建业主群，最好 50～100 人，防止混入竞争对手。**

①从朋友圈子引流到私密社群，建立高端的业主群，请专业人员来讲课，办线下的沙龙活动。

②每次发内容之前，必发红包。

③让业主自我介绍，变成同城交友群。

（12）社群裂变涨粉获客户。

①社群裂变玩法的原理：社群裂变的玩法原理是基于活动线上分享

课程、资料合集、优惠福利等为噱头的社群内用户一起转发分享的裂变行为。借助社群的群体效应，共同目标，推动引导用户进行线上分享转发和推荐。

②社群最神奇的地方在于社群用户是拥有共同标签、去中心化、利益共同体、可组织四大特征。一个社群能形成的前提是每个在社群里的人都认为自己能够从中获利。而社群裂变恰好是利用群体获利的效应，激发了这个利益共同体，进行爆炸式的扩散和传播。

③社群裂变用户完整路径图，如图 3 - 2 所示。

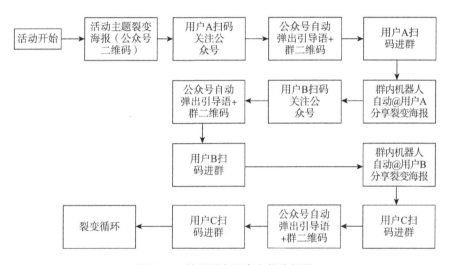

图 3 - 2　社群裂变用户完整路径图

这张图是社群裂变用户关注公众号、进群、分享传播的完整路径，首先我们运营者推送社群裂变活动海报，在基础的一级用户群内扩散。

以一级用户 A 为例，裂变海报推送给 A 用户，A 用户扫码关注公众号，公众号自动弹出引导语言 + 社群二维码（也可以放置在菜单栏，引导用户通过触发菜单获得社群二维码），A 用户开始扫码进群。进群后，群内设定好的群机器人自动@ A 用户，推送裂变引导文案 + 裂变海报。

A 用户为了获得社群奖励，按照机器人要求，分享裂变海报。A 用户的好友 B 看到 A 用户在参与此活动，识别裂变海报二维码关注公众号。公众号再推送给 B 用户引导语言＋社群二维码。B 用户扫码进群，进群后，群内设定好的群机器人自动@B 用户，推送裂变引导文案＋裂变海报。B 用户为了获得社群奖励，按照机器人要求，分享裂变海报。

B 用户的好友 C 看到 B 在参与此活动，识别裂变海报二维码关注公众号。公众号再推送 C 用户引导语言＋社群二维码。C 用户扫码进群，进群后，群内设定好的群机器人自动@C 用户，推送裂变引导文案＋裂变海报。C 用户为了获得社群奖励，按照机器人要求，分享裂变海报。活动循环往复，达到裂变传播效果。

（13）拉客进店，进入成交环节。

①促销（团购、联盟、签售）的即时性：免费的吃喝玩乐游戏互动小礼品，促销活动的即时性，过期不候。在群里营造热销氛围。

②服务的即时性：现在成交难否？把顾客邀约进店难不难？免费的信息难不难？故事讲得好，一点都不难。比如，量房、免费设计，顾客基本上还是很热情地配合，甚至求之不得。

③产品即时性：好的产品总是热销，过期不候。

④促销活动即时性。

⑤货期安装即时性。

五、新零售成交系统之成交客户

在进入成交的环节后，在线下的终端，各类成交的场景比较多，我们在此不一一赘述，但成交时，最终都无法回避一个问题，那就是"讨价还价"，客户总是告诉我们：太贵了，便宜些！面对此种情况，怎么办？今天，我们一一拆解。

（一）客户采购预算的分析

正常的消费者可以接受预算 120%～160% 价格的产品，所以预算不是阻碍客户购买的最大障碍，更何况预算的各个部分还是有弹性的。

只要你通过对自家产品的熟练掌握，以行业内的观点（之所以用业内的观点分析，是为了突出我们的比较优势，毕竟竞争对手的策略决定着客户对产品的心理定位和期望）有针对性地分析我们所有的卖点和比较优势，客户是愿意接受超过自己预算的价格并购买我们的产品的。

（二）如果客户说超出预算

（1）"是预算控制你，还是你控制预算呢？"

（2）"还要请教你，是不是装修的结果最重要？"

（3）"是不是装修的各项采购预算是有弹性的？"

（4）"既然你控制预算，而且各个环节都是有弹性的，为什么不能调整一下产品采购的预算，从而得到最好的装修结果呢？"

（三）客户觉得价格贵了

1. 收益价值法

一个产品真正的价值，不是你要为它付出多少钱，而是它能为你做什么。测算方法：立足长远算账，从每天花钱的角度去算，立足单位/整合附加值。

2. 成本转移法

从购买成本转移到使用成本，从而体现出各种行业系统化、规范化的售后细节服务。

3. 误购代价法

痛苦的力量是快乐的 4 倍。

A. 环保角度 B. 服务角度 C. 交货期角度 D. 后期使用成本的角度

4. 品牌品质法

便宜没好货，好货不便宜。品牌品质细节，详见《解码情景化店面销售技巧》中产品卖点的提炼。

5. 成本分解法

每天多少钱，每天贵了多少钱？每件多少钱，每件贵了多少钱？每个单位多少钱，每个单位贵了多少钱？同时结合"这点差价却赢得了我们超高的品质和服务，难道这点差价有问题吗？"

6. 成本区别法

比较购买成本与使用成本。购买成本是存款，可以收利息；使用成本，防止蝼蚁之患。购买成本是"始"，使用成本是"终"，好的开始是成功的一半！不要让自己的家甚至下一代输在了起跑线上！

7. 技巧设问法

• 其实很多客户也是这么觉得的，正是因为有很多觉得贵，但是最终选择了我们的客户，成就了我们的品牌，你说呢？

• 别着急，你是来选购产品的，不是来讨价还价的，产品才是最重要的，你先看看产品，再说说你的期望，然后我们再谈价格，你看怎样？

8. 以高（低）衬低（高）法

找个比自己产品贵很多，功能却差不多的品牌，衬托产品价格适中。或者找比自己产品功能少很多的品牌来进行比较，衬托自己的产品价格适中。

9. 促销成交法

优惠，从众，机会稀缺，免费试用，保证。

10. 示弱诚心法

权限角度："我真做不了主。""确实没有这么大让利空间。""我有这个权限就好了。""从没做过这个价格。""我多想有这么大的权限啊！""我不敢，怕挨骂。""我怕经理责怪。""经理会骂我的，他也没有这个权限。""我上次去找他，被他骂回来了。"

诚心角度："我很想做你的生意。""我也想为你争取啊！""我也想多做业绩。""我希望能与你合作。"

11. 理性分析法

宁可售前为价格解释万句，也不为售后的品质道歉一句。我们没有办法给你最便宜的价钱，但是我们可以给你最满意的质量与服务！

你说得很对，价格是有点贵，你一定是有丰富的购物经验，你也知道，商品买过之后，价格很快就会被忘记，记住的却是产品的品质和服务，毕竟便宜没好货。

12. 展示产品的品质和价值，尽量让顾客在体验中感受

展示制造过程，商品的检验报告。

提供其他顾客购买的证据及产品的口碑。

展示公司的信誉，相关设施和设备（洽谈区附近的灯箱和道具）。

把对产品满意的客户做成一张表，拿给客户看，并解释你如何为他们服务的。

（四）如何通过攻心话术软化客户议价的强硬态度

1. 感性的贴心话

· 这位先生，请留步！我是真心想为你服好务，可我发现你转身就要走，请问是不是我哪方面让你不满意了？我是真诚地向你请教，麻烦你告诉我好吗？谢谢你！

· 是的，你这个问题提得非常好，这一点我们确实有些忽略。非常感谢你的宝贵意见，我知道你这么说也是为了我们好。

· 这样吧，既然我们都已经说到这个份上了，我个人送你一个小礼物，一定让你惊喜，请你稍等……

· 我尽最大努力帮你申请，如果今天成交，希望今后你能把我当朋友好吗？请稍等……

· 真的很感谢你这么善意的提醒，像你这样的好顾客真是不多啊！

· 这位女士，请问是不是我们这几款产品你都不喜欢，还是我的服务没有做到位？你都可以告诉我，我可以立即改进，真的，我是诚心想为你服好务。

· 小姐，请留步。真是抱歉，小姐，刚刚一定是我没有介绍到位，所以你没有兴趣继续看下去。

· 这位女士，能不能请你留步，你买不买东西真的没有关系。是这样，我只是想请你帮个忙，我刚开始做这个品牌，麻烦你告诉我你不满意哪方面，这样也方便我改进工作。真的非常感谢你，请问……

· 其实我也真的很想卖给你，至少我也有业绩，你说是吗？只是真的很抱歉，价格上我确实难以再给你优惠了，这一点还是请你多多包涵！

· 非常感谢你来这么多次，这款产品非常适合你家的风格，我也真的很想卖给你，至少我也有业绩，你说是吗？

2. 理性的引导话

· 我在建材行业做了五年，我可以很负责任地告诉你……

· 你买建材最重要的还是看是否适合自己，如果只是便宜但不适合自己，买了反而更浪费钱，你说是吧？

· 其实你用起来合适才是最重要的，你说是吧？况且要碰到一件自己真正喜欢的产品也不容易，过两天如果让利结束了，那就太可惜了。你是刷卡还是付现金？

· 这款产品不仅适合你，而且质量又好，买了可以比一般产品多使用好几年，算起来还更划算一些，你说是吗？

· 买建材最重要的是要看是否适合自己的家装风格，自己是否喜欢，否则买回去反而浪费，你说是吗？你看这……

· 如果你觉得什么地方不好，请你尽管告诉我，这样我们可以一起来给你的朋友建议，帮助他选到一件更适合他的产品。

· 先生，我可以负责任地告诉你，我卖这个品牌已经×年了，经我手卖出去的产品至少有×件了，到现在为止……

· 非常感谢你对我们产品的喜爱，我们不仅希望你多来几次，还希望你多买几次，还有你的朋友，你说是吗？

· 我会立即向公司反映这个情况，尽快在礼品上满足更多顾客的需求，不过礼品毕竟只是礼品，不能拿它与产品相比，所以购买到令你满意的产品最重要。你说呢？

· 我想其实你也不是坚持一定要个 8 折或是 9 折，毕竟你更关注的还是我们是否能够为你提供绝对优质的产品和服务。

· 非常感谢你对我们品牌的一贯支持，我会把你的意见反映给公司，针对像你这样的大顾客，可以给予特别的贵宾服务，即使不反映在折扣上，也可以增值在其他的服务方面。请问你今天是想看……

· 你有这种想法可以理解，毕竟你说的这种情况在行业确实存在。同时我可以负责任地告诉你……

·你这个问题问得非常好，我们以前也有一些老顾客有过类似顾虑，我可以负责任地告诉你……

六、新零售成交系统之深挖客户：老客户服务艺术

老客户是企业发展的基石，要重点关注老客户。

1. 老客户的增值服务内容

（1）追踪服务：根据客户家装修的进展情况，通过装修注意事项，进行追踪服务。

（2）道贺服务：恭贺客户买到称心如意的产品，恭贺客户装修完毕后乔迁新居。

（3）家居展示：客户乔迁新居后，当着客户的面拍产品整体效果，表示会展示给别的客户学习。

（4）回访服务：微信 + 电话回访，上门保养服务。

（5）提醒服务：后期使用和保养的技巧，家居生活小技巧。

（6）促销告知：把最新的促销信息发给老客户，希望他们能转介绍。

（7）制造惊喜：节日问候、生日卡寄送、客户聚会等情感交流。

（8）慈善营销：做些有针对性"义工型"服务。

2. 小感动

总部的所谓大奖可让当地经销商用消息平台，以总部的名义发短信感谢客户参与，或者让客户去当地店面领小奖。会有很多人感激的同时，不会去领奖，因为可能连路费都不够。

3. 回访客户

通过采购总部所在地的手机号对客户进行回访，会让客户加深品牌

认知度，让品牌的口碑更好。

4. 使用手机的优势

（1）易被接听：手机号更容易被接听（人对人，而不是公司对人）。

（2）备受重视：用手机联系客户会让对方觉得自己更受重视（不省话费 + 即时通话）。

（3）及时联系：手机号更利于今后对方想起你时，直接联系到你，而且是第一时间联系到你；售后回访；节假日短信息问候；促销蓄水阶段最后一次准客户促销通知。

5. 老客户开发的策略

拜访老客户，请老客户介绍意向客户，在门店接待时，如果工地比较近，可以请专人带着意向客户去现场实地了解一下，也可组团参观工地。

6. 维护客情关系

（1）规律动态：每半个月和客户联系一次，同时动态地追踪跟进。

（2）针对性足：研究客户的需求和顾虑，为他们准备好有针对性的解决办法。

（3）邮寄营销：给客户邮寄你的名片、公司简介或者畅销产品的信息。

（4）互动邀请：邀请客户参加公司组织的各种互动活动。

（5）集中活动：邀请客户参加各种房交会、团购会。

（6）感谢客户：如果客户为你介绍了其他客户，要写信或者发放贺卡表示感谢。

（7）节日问候：每逢各种节日，主动向客户祝贺或发放贺卡，甚至自己原创一些节日。

（8）数据更新：及时更新客户名单，对客户进行分类。

7. 做好售后服务

顾客离开一周后拨打回访电话；

询问产品的**使用效果**及产品有无问题；

向顾客介绍产品的**使用技巧和保养方法**；

让顾客对你的**服务满意**。

8. 让老客户推荐新客户的方法和话术

让老客户推荐新客户的方法及步骤：

（1）客户征议：安装完毕，让顾客填写一份《金牌客户建议表》。

（2）现金券派发：在填写完表格后，给客户一张面值 100 元没有使用限制的现金券。但是一定要在客户说可以推荐新客户之后拿出来，不可直接给予。

提出老客户推荐的话术：

（1）恭维：经过接触我们觉得你是一个既懂得享受生活又讲究品位的成功人士，有很多方面值得我们学习。

（2）转题：你一定有很多成功的朋友，如果有类似的需求希望你帮我们推荐一下。

（3）结束语：谢谢，感谢你的信任和支持。

9. 网络整合开发

（1）活动结束之后，向老客户宣传**"写感受有奖"**活动，从而最大限度地开发老客户，把客户的获奖文章、照片公布在炒作平台上（活动推广平台要统一，客户文章的发表最好是选择炒作平台，最好选择的客户正在写装修日记）。

（2）在网名到一定等级后，组建网络写手，**写一些装修故事**，把一些顾客的感谢信公布到网络上，与网友互动。

七、新零售多元引流案例：某公司6·18专场业主促销活动情况

从立项到落地一共16天，准备阶段用了9天。活动客流全部利用微信社群邀约，通过微信提交活动意向报名的29户（麦克表单收集），实际到店25户，当日收订9户，活动总投入1770元。

1. 准备阶段

（1）熟悉小区整体概况。

（2）户型图册准备及针对性方案。

（3）业主群（QQ群、微信群），本地生活论坛业主社区。

（4）业主名单（有了最好，没有就打没有的牌）。

准备阶段完成之后，就可以正式吹响这场战役，对于我来讲，没有名单我就要想办法解决资源的问题，如何解决资源问题就是我最大的问题。

2. 下面说说我用了什么方法解决这个问题

（1）通过房天下这款APP下面的业主论坛，或者团购群，申请进入业主QQ群，通过业主QQ群去挖掘有效信息并加入业主微信群（一般大多数业主QQ群都会附带有微信群，如果没有，你来创建）。

（2）通过业主QQ群和微信群去加好友（收集资源）。或者以业主的身份在论坛发帖，标题一定要注明小区名字，以此来吸引同小区的业主关注。

（3）用"准顾客"炒帖，等热度炒高之后可以植入广告或者继续以业主身份吸引装修业主等。

（4）"准顾客"炒帖很重要，任何一个帖都可以用"准顾客"来带动舆论走向，文章标题可以这样写：碧桂园140平方米装修报价10万贵吗?

或者是: 碧桂园140平方米求装修指导。方法有很多, 不一一说明了。

(5) "养鱼"。把通过不同渠道钓到的"鱼"汇集到微信里养起来——创建专属VIP客户群。要注意的是"钓鱼容易, 养鱼难"。通过一定时间的维护和积累, 大家逐步建立起信任之后, 就可以有所收获了。

(6) 分享"养鱼"经验:

①**仪式感**——每个人都渴望被重视。从建群开始, 对于入群的每一个业主都要表示欢迎, 比如可以发专属红包表示至多欢迎(如图3-3、图3-4所示)。

图3-3　与"准顾客"互动截屏图　　图3-4　"准顾客"互动截屏图

②**每日早安干货**——每天早上9点固定早安问候, 分享装修知识并引导互动。用你的主号和群里的"自己人"聊天, 制造互动频繁的氛围, 吸引业主参与互动(如图3-5所示)。

③刚开始建群, 大家比较陌生, 需要一些角色来帮助大家相互认识, 重要的事情我说三遍。**真真假假, 假假真真!**

④**每日晚安红包**——每天晚上固定发晚安红包, 不要发多了, 10元10个包, 让没抢到的人主动提出再来一个的呼声, 然后你就又可以引出一波互动, 再发个红包说句晚安(如图3-6所示)。

 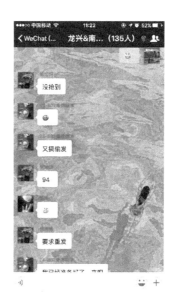

图 3-5   "准顾客"互动截屏图   图 3-6   "准顾客"互动截屏图

⑤**定期发楼盘进度**——每一个业主都会关注自家楼盘的建筑进度，我们每三天去现场拍一次量房和楼盘进度，让业主体验我们用心的服务及重视度。

⑥**定期方案分享**，好处不用多说，群不用每时每刻都火热，但至少每天有两波互动高潮。等"鱼"养肥了，就可以发活动通知，报名链接，他们自己会来的，电话都不用打。不过注意一点，活动前的图影直播很重要。

提前公布活动流程的一部分，保持神秘感。本次我的活动流程是：公司集合，参观公司并等人，乘车参观工地（一个工地耗时半小时），看一套水电、一套成品，然后回公司，与设计师沟通，领取纪念礼品。

第四章

新零售之店面靓化

店面的生动化是一个专业性很强的内容，有专门的店面靓化陈列的学问。前面我们讲了"局"理论，讲了五感营销，实际中，用"局"理论指导五感营销，指导店面的生动化，我们会发现具有很多启发意义。

店面的生动化，本质上还是为了通过"基本服务＋增值服务＋硬性洗脑＋软性洗脑"，快速完成"吸引顾客、黏住顾客、成交客户、深挖客户"的销售过程，从这个角度来分析，生动化布置大有文章可做。

我们通过分析宜家的生动化布置，可以获得一些有价值的启示。

一、宜家的店面生动化及其启示

我们在第二章当中重点介绍了五感营销是如何做"局"的。并且，特别以"宜家"为案例，说明如何通过五感构建场景来达到做"局"的目的。所以，需要特别强调的是，因为想通过宜家的卖场案例来阐明"场景"这一概念与销售策略，对于多数线下的传统实体店而言，由于场地与资源的限制，所以借鉴的意义略大于操作的意义。

所以，现在我们站在实用的角度（可操作层面），看看宜家在店面靓化上，是如何有效地呈现的：

（一）品牌推广

（1）大门外摆上很贴心的导购指示广告，给人一种轻松放心购物的感觉。从"局"理论的角度上分析，无非是通过有创意的画面与有价值的内容吸引顾客进店（如图4-1、图4-2所示）。

图4-1　宜家导购指示广告1

图4-2　宜家导购指示广告2

（2）店内挂上一些个性化的标识，简单明了，导购识别性高。传达品牌的核心价值，也是生动化物料最重要的任务（如图4－3所示）。

图4－3　宜家店内个性化标识

（3）适当的引导语言，让人增加消费欲望，但必须言简意赅，一语中的（如图4－4所示）。

图4－4　宜家店内的消费引导语言

（二）促销

很吸引眼球的推广措施，把产品促销的信息简明地表达出来。同时，不忘在色彩的表达与造型的创意上达到引人注目的效果，又不至于显得零乱。有难度、有高度，非高手不可为（如图4-5、图4-6、图4-7、图4-8所示）。

图4-5　宜家店内的促销指示牌

图4-6　宜家店内的促销说明

图 4 – 7　宜家店内的促销海报

图 4 – 8　宜家店内随处可见的价格标签

（三）展架和物料组合

（1）中岛加生动化物料是很吸引人的陈列方式，也往往很温馨，让人有购买冲动。中岛的设计，功能性的作用是合理地利用空间，又能与人的动线完美地结合起来。同时，又不至于使空间过于逼仄拥挤。这些还不够，还要让中岛形成视觉的自然关注，这对创意的要求就比较高了。宜家的中岛大体能满足这些要求（如图4-9、图4-10、图4-11所示）。

图4-9　宜家的中岛展架

图 4－10 宜家的中岛桌子

图 4－11 宜家店内的"自然"展架

（2）灵活小巧的展架，制作简单、美观实用，关键符合人性。一切完美的设计，归根结底，总是符合人性之中"自然而然"的习性。（如图 4－12、图 4－13、图 4－14 所示）。

图 4－12 宜家店内小巧的展架

图 4 – 13　宜家的展筐

图 4 – 14　宜家的展筐

（3）展架组合灵活，简单稳固实用，所用的材料简单、硬朗，隐藏在背后，不突出自己，毫无喧宾夺主的感觉（如图 4 – 15、图 4 – 16、图 4 – 17 所示）。

图 4 – 15　宜家展架

图 4 – 16　宜家展架

图 4 –17　宜家展架

（4）很有创意的小吊牌（透明胶片折），关键是材料精致简约，每个细节尽显品位（如图 4 –18、图 4 –19 所示）。

图 4 –18　宜家创意吊牌

图 4 – 19　宜家吊牌

（四）室内空间设计

宜家的室内设计同商场本身的家居设计风格一致——简约、清新、自然，以最少的成本达到最好的视觉与功能效果。

（1）宜家的室内设计几乎没有做吊顶与墙面粉刷，而是大面积地直接暴露出建筑的梁、柱、板结构，突出了建筑本身的结构与工业之美，并在建筑形体和室内环境设计中加以炫耀，崇尚"机械美"，在室内暴露梁、板、网架等结构构件，以及风管、线缆等各种设备和管道，强调工艺技术与时代感（如图 4 – 20 所示）。

图 4 – 20　宜家店内突出"机械美"

（2）作为一个大型商场，要做到合理地引导顾客购物和休息，因此，除了建筑设计上要做到流线的清晰顺畅，室内引导牌的设置也很重要。宜家的引导牌放置位置合理，引导牌的平面设计做得也很到位。充满设计感的引导牌与大幅的商品海报也无形中装饰了没有粉刷的清水混凝土墙面（如图4-21所示）。

图4-21　宜家店内的引导牌

（3）色调：宜家的主色调是瑞典国旗的颜色——柠檬黄与天蓝，这个色调在宜家家居的建筑外立面上可以很好地体现，不过在室内设计上，宜家只是在广告牌、引导牌、海报，以及工作人员的制服上引入主色调的概念。黄蓝点缀，别有一番韵味（如图4-22、图4-23所示）。

图4-22　宜家店内的色彩基调

图 4 - 23　宜家店内的色调搭配

（4）材料：宜家的室内设计中使用了金属、玻璃、石材这三大材料。其中，金属材料以铝材、不锈钢为主。铝材有铝通、铝单板，其表面涂饰有氟碳喷涂、静电粉末喷涂、焗漆和本色四大工艺；不锈钢有钢通、板材和钢板网之分，其表面处理常用的有镜面、拉丝面、砂面、腐蚀面工艺，特别是在镜面不锈钢上加药水砂，其视觉效果很特别。玻璃从本身的功能分为有安全玻璃、艺术玻璃、普通玻璃，从饰面效果分为焗漆、喷砂、药水砂、绿网砂等装饰工艺（如图4 - 24所示）。

图 4 - 24　宜家室内设计使用的材料

细细观察宜家，总结出几个优点：

（1）宜家的商品新颖、别致、独特，款式简单，因为是来自北欧，所以总体风格简洁流畅，很适合年轻人的口味，很多人在逛完宜家后都会产生重新装修的冲动，这些都是大家公认的。

（2）宜家购物气氛好，可以随便坐，随便打开橱柜，没人打扰你，很多人购物都有这样的经历。

（3）入口处有个儿童乐园，里面有球、滑梯等设施，还可以看动画片，有专人看管，家长们可以放心购物（给妈妈们的福利）。

（4）考虑到了很多细节的东西，如入口处有银联的取款机，厕所的水是热的，还有女性卫生用品贩卖机。二楼有餐厅，累了可以在床上或者沙发上休息等。

（5）宜家的休闲氛围和宜家的很多东西都让人感到生活可以是一种梦想、一种憧憬。比如，制作精美的蜡烛灯笼，可以装化妆品的容器，个性的镜子，卡通的小凳子，结实而别致的杯子，精美的杯垫，漂亮图案的花布。这是属于青春时尚一族的生活追求。不管是青春阳光的大学生，还是刚踏上工作岗位的单身一族，抑或是追求精致生活的年轻夫妇，那些设计简单却与众不同的生活用品都将成为他们人生中最重要的纪念，也是不可舍弃的纪念。

二、店面促销生动化

泛家居行业店面的生动化，主要目的有：一是引起注意，形成视觉关注点；二是传达品牌信息；三是传达产品信息；四是突出促销信息。所以，店面的每个元素，如店外（门铃、停车位、门头、橱窗等），店内的产品、硬装、软装、氛围渲染、助销物料，人、货、场等，都是很重要的。当然，组合起来的表达更加重要（如图4-25所示）。

把范围缩小些，我们看看，在店面的促销活动现场，如何实现生动化的情景布置。

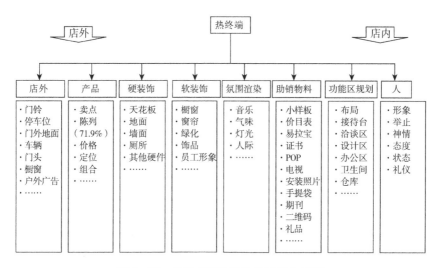

图 4 – 25 实现店面生动化的情景布置图

（一）门头形象整体促销化

重点是在门头上挂**横幅**，门面用**金布**或者**展板**装饰（如图 4 – 26、图 4 – 27 所示）。

图 4 – 26 门面用金布装饰创意门柱

图 4 – 27 创意横幅吸引顾客

以上两张图是在店面入口处的生动化布置，站在"局"理论的角度，第一步是希望吸引顾客进店。通过创意的门柱，有创意的堆头，夸张的地贴，整齐划一的门招，形成视觉震撼。图 4 – 26 是用金布把门头的两个立柱全部包起来，图 4 – 27 用的是横幅。移动互联网时代的新零售，注目率变得空前重要。因为信息不仅碎片化，而且变得空前芜杂（如图 4-28、图 4-29 所示）。

图 4-28 噱头营销

图 4-29 吸引扫码

既然是新零售，当然少不了打通线上与线下，通过"圈子、话题、互动、二次转发"，将粉丝牢牢掌握在自己手里，从而产生商业价值。而二维码就成了连接线上与线下的入口。大家还记得前面讲过的吧？要想吸引别人扫码，要想让人产生商业冲动，两个关键因素缺一不可。一是注目率，关键得让人不可不看；二是要有互动，关键得有好处，或者有故事。

（二）进户门的扶手和扶杆

图 4-30 用金布包住扶手杆，而且上面还有个兔子挂件。图 4-31
是救急策略，直接把礼品粘上去。

图 4-30　进户门的扶手靓化　　　　图 4-31　进户门的扶杆靓化

（三）礼品摆放如何最大限度地勾起顾客的购买欲望

（1）把礼品摆在门口正中间靠门外的位置，从而让人从各个角度
都能知道我们有惊喜礼品赠送。

（2）礼品集中摆放，借助小桌子往上摆，摆出个漂亮的金字塔形。

（3）在礼品最高的地方放个大红花或者礼品 KT 板，以示欢快喜庆
（如图 4-32 所示）。

前面我们说过，生动化的目的是符合"局"理论的四个步骤的，
在入口处的生动化，通过有主题、有话题、有互动、有创意，起到吸引
顾客进店的目的。

而店内的入口处的生动化，对于促销活动而言，也是希望创造性的
设计（做局），起到"局"理论第三步的作用"黏住顾客"。

从成交的角度上分析，顾客在店面待的时间越久，成交的概率就
越大。

图 4－32　物料营造氛围

（四）用喜庆元素对导购台进行促销气氛处理

基于促销的生动化，目的是吸引人产生购买欲望，加速人的冲动购物。所以，洞察人性的能力非常重要。比如，人性喜欢喜庆，那么在适当的时间节点，如元旦、春节期间，可以设计具有象征意义的生动化物料，喜降财神（吊的是红包）VS财气升天（气球把红包带上天）（如图 4－33、图 4－34 所示）。

图 4－33　店内物料修饰图 1

图 4－34　店内物料修饰图 2

（五）店内的样品修饰技巧

红花虽好，还要绿叶配，通过生动化的物料，快速地形成视觉焦点，把促销活动的主推产品呈现给消费者（如图 4 - 35、图 4 - 36 所示）。整体效果一定要显眼，毕竟，现在是注意力经济时代。

图 4 - 35　生动化物料修饰图 1　　　　图 4 - 36　生动化物料修饰图 2

（六）用图册、礼品、饰物等小物件装饰角落

图 4 - 37 是用饰物来装饰角落，图 4 - 38 采用挂件装饰角落。

图 4 - 37　用饰物装饰角落　　　　图 4 - 38　用挂件装饰角落

图 4 - 39 是把产品图册折成一定标志的物件，是一种现有资源的整合。图 4 - 40 也采取相似手法装饰。

图4-39　图册折叠装饰　　　　图4-40　用现有物料造型装饰

图4-41是把小礼品和图册用最和谐的方式摆放，图4-42重点在代表红运当头的"桃花盆"

图4-41　用玩偶和图册靓化角落　　图4-42　用"桃花盆"靓化角落

图4-43是一种盆栽，图4-44是把手提袋露出标识，依次摆放。

图4-43　用盆栽靓化角落　　　图4-44　用手提袋靓化角落

图4-45是用多个拉花装饰展示架。

图4-46是用暖性的礼品来弥补空调的冷性，并摆出情调。

图4-47的重点是"嘉宾结"，发力客户的虚荣心。

图 4 – 45   用拉花装饰展示架

图 4 – 46   用玩偶装饰空调

图 4 – 47   用"嘉宾结"装饰

三、橱窗效应精细化设计

橱窗是展示商品的窗口。

1. 对外宣传内容求精不求多

对外宣传内容是指客户在门口由远及近感触到的门头、展板、横幅、KT 板等物件上面的内容，所以重要的不是活动内容，而是活动的口号。同时吸引客户的应该是**色彩和图案，最后才是文字**。客户被吸引之后，才会进店了解促销的详细内容。

图 4 – 48　文字宣传展板　　　　图 4 – 49　图片宣传展板

图 4 – 48 的文字太多，色彩和图案太暗淡。很明显，图 4 – 49 吸引客户的效果要好于图 4 – 48。

2. 门口地面差别化处理

主要根据眼球经济的考量，如何让自己的地盘眼前一亮。门口的地面主要是通过铺设地毯和地贴，或撒些礼花甚至爆竹片进行装饰。

图 4 – 50　门店铺设大地贴　　　　图 4 – 51　门店铺设小地贴

图 4 – 50 和图 4 – 51 是用地贴做的处理。图 4 – 51 的地贴太小了，图 4 – 50 采用大地贴，明显提高营销性。

3. 路面放置物的人气化

这条也要根据城市管理来操作。在门口放置**户外广告伞、卡通气模（走动最佳）、彩虹门、花篮、空飘**等道具！如果是展架类广告器材，不可以放置在店面内，会挡住客户行走路线，可放置在门口吸引客户进店。

图4－52　店门口放置彩旗和展架　　图4－53　店门口放置海报架和灯箱

图4－52和图4－53用的是**彩旗、展架、易拉宝**展示，而且摆放的位置和角度要根据现场的人流趋向而定。

4. 门口路面物体的处理

这点要根据城市管理的情况而定。主要是看门口有没有可以拉横幅的树木（可以把树木用彩色的布包起来，或者在树上挂灯笼、霓虹灯等小饰品），贴广告的垃圾桶、马路栏杆、电线杆、路灯和空调防护罩。

图4－54　宣传展板　　　　　　图4－55　用金布装饰树木

图4－54 是在路边放置宣传展板，图4－55 是用金布装饰树木。

综合分析：

（1）橱窗 PK 进户门 PK 门头。

①橱窗是为了吸引客户进店的。所以应该根据客户的主要流向，让客户先看到橱窗，然后路过进户门。切忌橱窗在进户门的后面，否则，等客户的兴趣激发之后，早已走过去了。按照客户决定的"2 秒法则"，这样会大大降低客户的进店率。

②橱窗画面是店面的妆容，激发的是人的感性认知。店内的装饰可以降低客户在理性方面对价格的抗拒。所以橱窗的画面要从家居生活、使用感受着手，而不是品牌的荣誉、历史、文化（这些如何安排，详见"心觉"中的"洽谈区周边品牌展示技巧"）。

③门头影响的是马路对面和远处的客户。所以和橱窗边上的墙体最好浑然一体，才能吸引到马路对面和远处的客户，不要设置特别突兀的一个门头。

（2）店面招财引流的物料活性化套路。

①门头处理：在门头上挂横幅，门面用金布或者展板装饰好。

②宣传内容：对外宣传内容是需要广而告之的，需要让客户在很远的距离、在最短的时间内明了什么品牌在搞什么活动。所以重要的不是活动内容，而是活动的口号。同时吸引客户的应该是色彩和图案，最后才是文字。客户被吸引之后，才会进店了解促销的详细内容。

③门口地面：根据眼球经济的考量，如何让自己的地盘眼前一亮。门口的地面靓化主要是通过铺设地毯和地贴，或者撒些礼花甚至爆竹片。

④门口路面：看门口有没有可以拉横幅的树木，还可以把树木用彩色的布包起来，或者在树上挂灯笼或霓虹灯等小饰品。看有无贴广告的垃圾桶、马路栏杆、电线杆、路灯和空调防护罩等。

⑤门口道具：在门口放置户外广告伞、彩虹门、花篮、空飘等道具！如果是展架类广告器材，不可以放置在店面内，会挡住客户路线，

应该放置在门口吸引客户进店。

⑥门头装饰：门头的促销形象要整体化，才能最大限度地吸引客户关注。

（3）门头形象整体促销化。

在门头上挂横幅，门面的立柱或者墙体用金布或者展板装饰。

（4）橱窗效应精细化设计。

首先充分考虑"橱窗 PK 门头"对客户的影响：门头影响的更多是马路对面的客户，因为门口的客户看不到门头，所以要重视橱窗的促销化展示。其次考虑橱窗与大门的位置，因为客户应该是先被橱窗吸引然后才勾起进店欲望，所以在充分考虑门口人流方向的前提下，先布置促销化橱窗，然后是进店的大门！

（5）POP 内容求精不求多。

POP 是指客户在门口由远及近感触到的门头、展板、横幅等物件，客户被吸引之后，才会进店了解促销的详细内容。

①门口地面差别化处理：主要根据眼球经济的考量，如何让自己的地盘眼前一亮。门口地面主要是铺设地毯和地贴。

②门口路面物体的处理：这点要根据城市管理的情况而定。主要是看门口有没有可以拉横幅的树木，贴广告的垃圾桶，马路栏杆，电线杆，路灯和空调防护罩。

③路面放置物的人气化：这条也要根据城市管理而定。在门口放置户外广告伞、彩虹门、花篮、空飘等道具！

第五章

新零售日常管理的『六脉神剑』

开篇说明：新零售对于市场的冲击，主要是两个层面，一个是技术层面，另外一个当然是思想层面。

技术层面的冲击比较直观，也容易切入。比如，最简单的是微信＋二维码＋大数据＋移动支付＋三层分销。还有人工智能，全景 VR、AR 等，这些东西简单易行，当然，技术层面的冲击不只是用于销售端，也可以用于管理端。比如，利用钉钉或者分享销客的管理软件，动态地对团队进行日常管理或者销售流程再造。本篇的最后一个部分有一个案例，就是利用微信上开发的应用，解决门店与导购、产品、库存的关系，以及门店与顾客之间的关系。

新零售带来的另一个冲击是思想层面的问题。比如，公司越来越平台化，事业越来越合伙化，员工越来越个性化，管理越来越人性化。人，不再只是道具，而是越来越回归人性本身。

因此，本章的日常管理，更多是基于新零售思想层面的团队管理。

一、前两剑：新人入职与入职培养

我们先看看怎么做入职管理？

1. 第一剑：新人入职

首先，从新人的招聘入手，招聘的最佳对象绝对不是大学生，业务员最好选在团购网站、装饰公司工作至少三个月的员工。店员最好选装饰公司的女业务员，有顾问式、管家式推荐的优厚基础。总之一句话，**圈内人士为首选**（有经验的人容易定性思维，没有建材销售经验的当地人也是一种选择）。需要强调的是，临时招聘人才往往不是很理想。有些经销商喜欢去人才网站、当地招聘会或者地方纸媒去招聘，但是，我始终相信，真正的人才，一般不太可能去主动求职面试。所以，我始终相信，人才要么是培养出来的，要么是自己找出来的。

其次，对于家居建材行业的经销商而言，我们要调整一个观点，认为人才是找出来的，以本人操作样板市场的经验判断，凡是经销商缺人马上找人的情况下，基本找不到合适的人才。找人才，换一种说法，其实是储备人才，所谓储备人才，换言之，在缺人之前，手里面就要有诸多候选人才储备。这里面，其实是有诀窍的，等到我们真正需要人才的时候，临时抱佛脚，基本上是事倍功半。那么，作为店面的掌门人——经销商，如何储备人才呢？储备人才不是自己培养人才（当然这也是方法，且是不错的方法），我所说的储备人才，是指平时就应当在当地结交各类人才，并让其为己所用，只有这样，真正出现人才缺口的时候，才能不为找人才着急。

那么，有哪些偏门的找人才的方法呢？

比如，向行业要人才。新零售时代，人人以为自己是人才，其实不然。行业有些高手，平时就应当结交，加个微信，交个朋友，发点红包，组织聚会，提供适当的福利（比如培训、生日宴会等），让行业人才建立对我们的好印象。一旦出现人才缺口，有些同行必然闻风而动，快速进入洽谈环节。这些人才本来已经与自己有长期的互动，所以不用担心他的能力能否满足公司要求。

除了行业内选拔人才（说穿了是储备人才），行业外，人才也是来源，或者说是重要来源，做直销行业（比如保险），人才竞争激烈，专业沟通技巧与抗压能力极强的这类人才，今后如遇到，先别忙着挂电话，试着给人家一个机会，也是给自己一个机会，别忘记加微信好友，试着观察他的朋友圈，一个有能力的人，一定会在他的日常行为当中，包括在微信朋友圈，表现出来。等到我们需要人才的时候，他们是优选之一。

当然，还包括老板本人，在日常的交际中，如出入会所、酒店、沙龙活动时观察到的合适人才，这些人才都可以在微信朋友圈先放着，看看他们是否是真正的人才。

此外，人才选拔与初期培养也很关键，以下理念与招数可以参考：

一是发掘人才的思路，比如**"相马不如赛马"**，面试阶段与培训阶段采用"宽进严出"策略，有时候，真正的人才并不是找来的，但一定是拼出来的。比如，我们需要 3 个人才，我们不妨找 3~5 个，经过 3~5 个月的优胜劣汰，最终也许只会剩下 2~3 个。

二是细节观察，细节是观察人才是否靠谱的方法之一，什么是细节呢？多问，多观察。问他过往的经历，问他成功的案例，问他家庭状况（一般而言，家庭条件太好的人，不太可能适应门店销售的岗位，家中条件一般的，往往具有内驱力），问他对某件事的观点，问他遇到某种问题时，解决问题的思路与方法。还有，向他的同行打听他过往的表现，经过上面的步骤，一般都能发现合适的人才。当然，在面试时要问问对方**对我们的产品、品牌有什么感觉**，如果没有特别好的感觉是不行的。因为我们必须强调我们是最好的品牌，和招聘只招没有经验的人员道理一样。

三是对于一些感觉比较好的应聘者，为了确保他（她）能留下来，可以通过**老员工"现身说法"**，从而强化我公司是个机会难得的平台的第一印象。因为老板的十句话往往不如员工一句话靠谱。需要强调的是，**人员招聘时，切忌只介绍公司的辉煌历史，这样员工带着过高的期望值进来，反而容易有失落感。不妨跟员工讲实话，这样员工有心理准备，明确员工的心理诉求，反而更易管理员工。**

四是**店员和业务员培养模式**：推拉并举，逐一复制，突破瓶颈，指标量化，精耕为上，切忌粗放。

2. 第二剑：入职培养

移动互联网时代的新零售，人员的角色与期望值均发生了变化，越来越多的 90 后，不再像 70 后、80 后一样，只是选择一份工作一份事业。对于这样的员工群体，或者一个时代的共同群体，我们必须以新的眼光与视角来看待与他们之间的合作模式。

90 后员工群体，不只是图钱，单纯的物质激励虽然有效，然而有限。因此，新零售时代的激励，不妨转换一下视角。比如为每个入职的员工做一次入职沟通，变打工模式为"合伙人模式"（不是法律意义上的合伙人），首先要做的工作是帮员工明确他的梦想，经销商的平台只是帮助员工实现梦想的平台而已。这时候，有两个问题是必须与员工深度沟通且来不得半点虚假的。第一个问题，问员工准备在门店待多久？第二个问题，问员工职业梦想是什么？比如，员工说在这里干四年，想成为店长。

那么，老板要做的事情，必须是如实相告，把职业成长过程当中需要接受哪些锻炼，战胜哪些困难，学习哪些东西，提供哪些培训，给员工讲清楚。新零售时代，仪式感很重要。因此，可以考虑与员工签订"成长计划书"（只是一种仪式感，不具备法律效力），这样，员工加班，主动吃苦，都不会有太多的怨言，因为他在为自己工作。

新零售时代企业与员工的关系就是这样，不仅签订合伙人成长计划书，还要在今后的日子里帮员工复盘，总结成败得失，让他有一种参与感与归属感。这种做法好处比较多，可以成立老员工俱乐部，在员工离职的时候，可以为靠谱的员工写推荐信，这对员工来讲不亚于职业生涯的阶段"毕业证书"，员工必定心存感恩。当然，投之以桃，报之以李。离职的老员工群体是一笔宝贵的财富。比如，帮忙引荐靠谱员工，比如免费帮我们做广告，比如免费帮我们引荐生意等。

员工入职一个月内为平台适应期，因此，每个在职员工要对新来的员工（包括试用期的）打招呼，让对方不要有太多陌生感，经理带新来的员工熟悉一下公司的环境（市场的布局，周边商家，餐厅，甚至洗手间），当天晚上经理应该亲自打电话问候。

入职一个月内，要求员工对建材行业的各品类产品有初步了解，并逐步加深印象。同时对建材城方位布局、周边商家的位置、卫生间、餐厅都要介绍清楚。因为这是一个抱团取暖、跨界融合的时代，员工熟悉的不只是环境，还可借此熟悉同行，建立朋友圈，为横向引流打好人情基础。

一个月内的窗口期，对员工进行培训时，培训手册最好采用**"场景问答式""话术案例式"**教学。**试用期过后**，正式入职的员工，当天由经理发套公司 VI 用品（手提袋、纸杯、活动小礼物、便签、笔、记事本等），至少是一些具有公司标识的尽量贴近日常生活的小物件。

新人入职到培养的窗口期，还要**统一采购手机号码（微信号）**：正式入职以后，开始印名片，最好由公司统一采购电话号码和注册微信号，离职后交接，最大限度地降低员工离职对公司造成的负面影响。既是一种创新管理，又是一种员工福利。

二、第三剑：团队激励妙招

很多人力资源部有个传统，就是整天研究如何控制人，导致办公室政治猖獗，实际上，对于传统的工业社会而言，这种逻辑也确实有其生存的土壤，因为传统的工业组织是建立在自上而下的金字塔结构上，比如军队就是典型的金字塔结构的组织。这种组织自然强调命令、服从、纪律。加上传统组织面对的时代是一个人多资源少的时代，所以每个人愿意为了压抑自己的个性去换取一定的经济报酬。

但是，现在是信息时代，也是移动互联网时代，这个时代呈现市场碎片化、渠道碎片化、时间碎片化、信息碎片化的特点，所以，管理的本质不再是控制，而是激励，管理者应该想如何发挥每个人的特长与潜能。手里拿个锤子，每个人都像钉子。绝不能把每个员工都定位在对立面。所以，激发团队的昂扬士气，营造正能量的氛围，可以考虑从如下细节入手：

1. 把各种业务接待技巧以员工的名字命名

尊重每个人的个性，发扬员工的自主创造性，一旦在店面销售过程中发现某人的方法特别好用，则以该员工的姓名去命名该销售法，这样员工很有成就感，也可以激发其他员工的上进心。以员工的名字命名××销售法，简单易记，精神驱动力强。当然，在会议上以红包打赏或者现金的方式奖励更好。

2. 各种经营方面的"献计献策"奖励

我们伟大的中国共产党的优良传统是"从群众中来，到群众中去"，先民主后集中。发挥每个个体的主观能动性。所以，经销商或者操盘手应当广开建言献策的渠道，集中每个员工的智慧，以便为日常的经营管理打好基础。具体如何建言献策，可以从如下几个方面参考：

- 优秀建议评选奖励。
- 会议头脑风暴奖励。
- 日常执行工作时的优秀案例奖励。
- 老板私人邮箱或者微信直通车。
- 老板饭局一对一沟通。

3. 员工自创渠道语录（座右铭）营销法

每一个老员工或者优秀员工，统一设计画面，将他的"形象照片"及座右铭写入画面，将公司的主通道设计成"文化长廊"，让每个优秀员工或者老员工的"光辉形象"随时展现在大家的眼前。

上榜的员工，自然心存幸福，内心也油然而生正能量，没上榜的员工更会暗自给自己施压。不甘人后是人的天性，让看不见的文化看得见，从而催发每个人奋进的心态。

4. "希望之星""销售之星""单品冠军""微笑之星""服务之星"……

通过上述××星的评选，在团队中营造"比学赶帮超"的氛围，让每个员工都感受到压力。在每次早会、晚会、周会、例会等会议上随时公布进展情况，一有奖励，应当广而告之（让每个人都知道），应当现金兑现（钞票在手，感觉不一样），应当微言大义（总结三点），应当马上兑现（迟到的奖励，缺乏现场感）。

5. 单个员工的外号：相声王子，售后终结者，接待天使

《水浒传》中每个好汉均有外号，外号是对其人格特征及专业素养的概况，如黑旋风李逵、及时雨宋江、智多星吴用等。马云的阿里系也是这样，据说每个入职的员工均有花名，经销商公司虽小，但起花名，容易增加亲近感，也容易让每个员工"存在感"强。自然，幸福指数也会攀升。

6. 为提高店员积极性，可在一个角落放置奖牌

"最佳服务营业员""金牌推荐营业员""五星售后营业员"，分析每个员工的撒手锏，每个店员要有个撒手锏，且**最好贴照片**。不过，这

种评比最好以月度或者季度来区分，频繁的评奖，公司领导与员工都会感到疲惫。

7. 公司最佳纪录的悬赏奖励

在门店的显要位置，把公司成立以来最佳纪录的创造者及业绩做成指标图公之于众，评选公司自己的"吉尼斯世界纪录"。让每个员工随时关注下一步谁来改变这个记录。

8. 相互通过感性的形容来介绍同事

如"下面有请我们甜美纯真的签单管家为你服务"。

日常沟通时，不一定非得介绍员工的姓名，可以叫花名，或者直接把员工的特性用一长串的形容词（当然是和员工的特点有关）表达出来，这样，顾客会感觉自己接受了最专业的服务。员工也会认为自己被认可，从而固化某些优秀品质，须知，心理学表明，凡是长期反复地暗示某一特点，这一特点在某人身上就会表现得尤其突出。

9. 学习分享机制

员工读书会、分享大会、案例研讨会等，让优秀的员工将自己的案例与大家分享，最好结合实战演练，让每个员工都有出场的机会。这样的会议可以每周一次（不宜过勤），每天的总结可以是随机性的，特殊案例则加以放大。

为了避免公司的学习分享大会最终流于形式，成为鸡肋，有时可以换一种形式。比如，与关联品牌导购团队进行交流，陶瓷与卫浴、建材与五金、照明灯饰与涂料等。既避免竞争，又能取长补短。

10. "老带新"奖励机制

让新的员工或者普通员工"拜师学艺"，正式下拜师帖子，现场见证，双方规定学徒期及验收标准。在学徒的过程中，给师父什么样的激励，徒弟学期满后，举行毕业典礼。

11. 让员工体验领导岗位

"今天我当值""值班经理"的标牌（照片），最好是轮值的店长或者经理，让每个员工尝试成为领导，角色换位，体会"高处不胜寒"的感觉。这样，领导理解下属的苦衷，下属体会当领导的难处。

12. 店内播放员工自创的流行音乐

如改编版《猪都笑了》，客户也会通过我们团队的和谐获得足够的安全感！

13. 每天的早会，大家轮流主持

人人都有存在感，自然，也会激发每个员工的责任心与上进心。

14. 每次活动剩余礼品的激励性派发

活动多少都有剩余，怎么办？做个人情，发给员工，或者包装一下，发给员工的家人，更有意想不到的效果。

15. 关注员工健康

员工的健康是公司非物质财富，**定期为员工体检**，为员工额外购买健康保险。

16. 员工生日派对，一月一次，集中过

比如某经销商的员工生日宴会，月度工作完成，下班打烊之后，将展厅营造成派对现场，配合背景音乐，把蜡烛点成"心"形，让员工

围成两圈，过生日的员工坐里面，其他团员坐外面，大家围着蜡烛，老板伴着音乐娓娓道来，将员工表扬一番。

17. 设定岗位成长计划

将员工的工资分成两份，一份给员工，一份给家人，或者为员工设定岗位成长计划，通过承诺培训、过程辅导，让员工觉得跟经销商干有奔头。

18. 给予员工人文关怀

给其家人写感谢信，年终亲自开车或租车送员工回家，到了之后送上一份大礼物＋红包。设定福利基金，比如三年买车，五年买房。

19. "创意惩罚"的团队激励

员工表现不佳或者犯错误了，不宜采取物质处罚，可以考虑采取一些"奇葩"的惩罚方式，比如倒立、跑步、打扫厕所、倾倒剩饭剩菜。

20. 每周话题板

可以是政治、经济、军事、娱乐、时尚、体育方面的话题。养成积累素材的习惯，五分钟概括一个针对性话题。让员工不经意间学到东西，让入店的顾客不经意间增加逗留时间。

21. 制作"梦想看板"

看得见、摸得着的奖品的手机、皮鞋、电脑灯等东西先去商场专柜挑好，要具体到品牌、款式、颜色、价格等。然后把照片拍下来，贴在空白的纸上，写上你对他们的渴望程度，以及想得到他们的条件和时间。将梦想具体化、可视化的过程，就是一种实现的过程。

22. 阶段性比拼的物质激励法

①销售增长奖励：毫无疑问，这是一种销售目标达成，以结果为导向的奖励方法，在竞赛当中，这种奖励方法几乎人人都会用。

②冠军奖励：仍然是一种以结果为导向的奖励，谁的销售业绩好，谁就是销售冠军。

③新人奖励：新人与老人放在一起竞争，当然是处于劣势，咋办？为了鼓舞新人的士气，让他们也有成就感，把新人放在一起来竞争，奖励新人当中的优秀者。

④大单奖励：某种程度上，销售冠军、完成率最高奖这类结果型导向的奖励，其实是一把双刃剑，它会迫使员工卖好卖的，价值低的，走流量的产品，但这些产品不仅附加值低，更重要的是公司利润也低。

⑤连单奖励：连单奖励，顾名思义，就是连着两个先后进店的客户都搞定。这确实是有难度的，尤其对于家居建材家电类的耐用品消费者，思考决策的周期比较长。但正因为有难度，所以更要挑战一下。

⑥转单奖励：已经成交的顾客，如果还能帮我介绍新顾客，完成二次销售，对于我们来讲，开发成本几乎为零。想想看，某电商品牌单位引流一个顾客的成本1000多元，现在的获客成本多么高昂。

⑦秒杀奖：家居建材家电类的产品，属于低关注度、高参与度的产品，决策的周期比较长，来回的次数比较多。如果一次进店就能拿下，当然可以奖励。

⑧亲属基金：员工奖励，也给家人钱。销售压力大、强度高，往往需要家人的理解，这个时候，以公司的名义给员工的家人送去温暖，很容易改善人际关系。

⑨开门红：门店每天成交的第一单可以奖励，预示着一天的好运来临。

⑩关门红：顾名思义，每天打烊之前成交的最后一单。

⑪基金池奖励：员工出钱，公司也出钱，建立资金池，最后看排名

拿回报。

⑫后勤支持：搞活动，后勤很辛苦，售后人员转单当然可以奖励，这是一种全民皆兵的奖励方式。售后人员能否转单呢？当然可以，售后人员在为业主安装服务时，他比较容易建立与业主的关系，传递自己权威专业的形象，因此，他的话往往对客户有举足轻重的作用。

⑬单品奖：根据流量产品、利润产品、狙击产品、明星产品分别设计不同的激励方式。

⑭众筹对赌模式：公司与员工，门店与门店、员工与员工，分别出钱对赌，有利于增加大家的士气。但此种方式不宜长用，如果每次促销活动都用，反而容易出现疲态。

三、第四剑："鸡血"晨会八个步骤

在晨会上沟通一天的重点工作，为员工"打气"。

（一）步骤一：晨会启动

1. 标准模板

主持人：（从收银台通过广播的形式）各位家人，早上好！今天是××年×月×日星期×，晴，气温25～36摄氏度，晨会时间已到，30秒内集合完毕！……

主持人：以主持人为基准，向左向右看齐，向前看！稍息，立正，跨列！

主持人：各位家人，早上好！好！很好！非常好！（1分钟气氛带动）

主持人：三拜仪式（伸出右手，眼睛看着右手）——感谢顾客帮助我达成梦想！感谢店铺第一名×××让我成长！感谢××公司给我平台！

主持人：我们的三大作风：诚信！专业！高效！

主持人：我们的三大行为准则：勇于承担责任，绝不找借口，永不放弃！

主持人：现在由我带领大家背诵××公司企业理念。

主持人：接下来请各位家人相互检查仪容仪表，核查是否符合规范，通过！

2. 友情提醒：主持人的选择

主持人的选择，就是没有选择，为什么？优秀的门店，一定要把每个员工都培养成主持人，让每个员工都要有参与感，说白了就是让大家轮流主持。但是要想做好主持，当然得培养每个员工主持人的心态与能力。

对晨会来说，主持人必须要有正能量的心态，轮到谁主持都得一样，如果当天轮到一个能力很强，但是意愿度低的人做主持，他会在整个会议过程中散发负能量，所有人在开会的过程当中，都会感受到他"心不甘，情不愿"的状态，他的语言，他的表情，他的敷衍了事，他无所谓的态度，会给整个店铺带来极大的负面影响，能力越强，杀伤力越大，本来大家早上的心情还算不错，结果一个晨会下来，大家心里都不舒服，很多店铺晨会无法坚持下去的原因就是选了这么一位主持人，天天在晨会上散发负能量。最后得出一个谬论：晨会没啥用。

所以，要想成为好的主持人，我们必须教会他们一些基本的标准，比如：

- 声音响亮。
- 面部表情有微笑，积极阳光。
- 受大家欢迎。
- 店铺中的开心果。
- 最好是自愿担当晨会主持。

（二）步骤二：例行舞蹈

友情提醒：晨会的核心——正能量。

正能量说来容易，操作起来很难。首先是思想上要有正能量。有些人天生就具备领袖气质，有些人天生具备正能量，但有些人患得患失，有些人悲观失望。所以，要想有正能量，首先得强迫自己有正能量，用行动改变自己的思想。所以，第二步，必须让自己"动"起来！

晨会舞蹈，让自己动起来，将心里的雾霾一扫而光，迎接一天的好心情！

所以，晨会上的一切行为都是正能量，都是积极阳光向上的，包括语言传达的艺术，举例：今天一位领导要来巡店，有的主持人会说"大家注意了，今天上面领导来审查，都精神点儿，别给店铺丢人抹黑，要是被领导发现不好的地方，我们就都完蛋了！"这样，在员工心中，领导立刻和手拿钢叉的巡海夜叉画上了等号，大家战战兢兢如履薄冰，照顾顾客变得不自然，每个人不求有功但求无过，看到一个进来的稍微严肃点的顾客都以为是领导来了，心中开始念叨阿弥陀佛，状态不升反降。

同样的情景，有的主持人会这样说"各位家人们，大家早上好！告诉大家一个好消息，为了支持我们店铺，公司特意安排了营销大师某某哥来我们店，帮助我们冲击今天的销售额，大家高不高兴？希望大家拿出饱满的状态来迎接某某哥，同样大家要是有产品卖点和销售话术方面的问题想请教的话，就大胆上去询问，某某哥很乐于助人的！"这样，在员工心中，领导立刻变成了乐于助人，脸上带着微笑背生双翅的天使，大家工作起来会很自然，领导来了，也没有隔阂感。

晨会什么最重要？有人说流程，有人说内容，甚至有店长把晨会开成了说教大会，"你们要这样，你们要那样"，说个不停，其实，一个好的晨会最根本的目的是让员工有一个好的工作状态，开会的重心要放在如何在15分钟内把所有人的状态调动起来。

（三）步骤三：昨日回顾（通报数据＋奖罚）

1. 标准模板

主持人：接下来让我们回顾昨日销售数据。掌声请出×××（按销售力分析数据顺序进行）。

2. 友情提醒：晨会的核心

昨日回顾，回顾什么？当然是回顾昨天的业绩指标。常见的业绩指标包括两种：一种叫结果指标；另一种叫过程指标。结果指标包括完成率、增长率、连带率、客单值、新品销售等；过程指标包括客户进店数、微信加粉数、电话邀约数、顾客进店率等。

无论表现好坏，最好在例会上呈现，好的进行物质或者精神上的奖励，差的进行物质或精神上的处罚。

（四）步骤四：成功案例分享

案例分享很重要，大家在案例中吸取经验。

1. 标准模板

主持人：现在请出我们店铺昨日销售冠军××进行成功案例分享，掌声有请！

销售冠军：

● 我昨日目标×××，达成×××，达成率×××，占店铺业绩×％，大单占个人的总业绩×％。

● 我今天要分享什么，经过（时间、地点（区域）、人物、成单结果）。

● 成功切入点（结合销售服务流程等），难点突破。

- 个人成功关键点、核心成长点和应对执行策略。

店长：点评，总结提炼关键成功点、提升点和应对执行策略。

2. 友情提醒：成功案例分享，一定以三段论的格式，在 5 ~ 10 分钟内讲完

- 客户什么情况，客户面临的主要问题（主要痛点）。
- 我用了什么方法（说细节）。
- 案例启示。
- 允许有 10 分钟左右的答疑时间，但效率必须高。如果感觉时间不够，此步可以省略。

（五）步骤五：制定目标

有目标才能知道怎么做？

1. 标准模板

主持人：请各位家人报告今日店铺工作目标，今日卖场目标×××。楼层目标：一楼×××、二楼×××；班次目标：早班×××、晚班×××；区域目标：A 区×××，B 区×××，C 区×××，D 区×××……

员工个人（上台）：我×××今天负责 A 区，今天的目标是：成交×单；服务×个客人。我的策略是……

2. 友情提醒

- 制定目标，一定是可达成的，法不责众，好的目标制度 20% 能超额完成，50% 以上的人能完成，30% 左右的人不能完成。
- 布置目标的时候，也要布置任务。目标是结果数据，任务是达成目标的方法。两者缺一不可。

● 目标多重化，不宜过于单一。

（六）步骤六：策略培训

组织培训，提升员工各方面的能力。

1. 标准模板

主持人：今日卖场策略培训，掌声请出×××（根据昨日销售数据分析，针对卖场核心成长点制定今日卖场策略并培训关键技术等）。

2. 友情提醒

策略培训一定要言简意赅，要有亮点，最关键的是要有考试。考试的方法最好简单些。

● 抽查员工笔记本。

● 自主上台分享。

● 抽人上台回答。

（七）步骤七：店务通知

让员工及时了解公司动态。

1. 标准模板

主持人：接下来是店务通知，掌声请出×××（通知公司规定或注意事项）。

2. 友情提醒

这里没有什么创造性发挥的东西，但是为了加深效果，可以随机抽3~5人，或者总体人员比例的15%~20%，回答所讲内容。

（八）步骤八：激情展示

重温本次会议的内容，加深员工的记忆。

1. 标准模板

主持人：下面以三句口号结束今天的晨会。

主持人：今天的心情好极了。今天的沟通棒极了。今天的目标明确了！

主持人：龙的呼唤准备：1234 嗨、1234 嗨、1234、1234、嗨嗨！

主持人：各位家人！

所有人：为了完成我们的目标，努力！加油！

2. 友情提醒

既然是激情展示，关键是形成思维习惯与动作习惯，让正能量贯穿每一天。

四、第五剑："鸡汤"夕会

夕会，不仅仅是一天的结束，更是另一天的开始，一天之计不仅在于晨，也在于前一天晚上，因为员工第二天的工作状态很大程度上取决于前一天工作开不开心。

1. 标准模板

（1）列队：夕会准备开始！30 秒内集合完毕！（《向前冲》音乐 30 秒）

（2）以主持人为基准，向左向右看齐，向前看！稍息，立正，跨列！

（3）问候：各位家人好！（伙伴回应：好！很好！非常好！）

（4）三拜仪式：

●伸出右手（眼睛看着右手），与心相连！

●感谢客户帮助我达成梦想！感谢××公司或××让我成长！感谢××公司给我平台！

●三大作风：诚信、专业、高效！

●三大行为准则：勇于承担责任，绝不找借口，永不放弃！

（5）总结店铺日战果与事件，对优秀案例进行分享，调动大家情绪，让大家开心，并宣布当日店铺销售冠军。

（6）通报当日卫生环境检查情况。

（7）结束语

●今天结果怎么样——我是纪录的创造者，更是纪录的守护者！

●明天的目标怎么样——我已做好充分准备！

（8）主持人交接仪式：请明天店铺值日店长××出列！

●第二天主持人：明天由××担任店铺值日店长。

各位伙伴是否收到？（伙伴们：收到！）

第二天主持人：散会。

（9）备注：当日主持人快速总结当日店铺运营状况（轻音乐为背景）。

2. 友情提醒

（1）员工对一天工作开不开心的评判标准取决于员工下班时候的心情，这就相当于看电视剧，你会记住第一集，也会记住大结局，但是中间你就不会记住了，上班也是如此。早会他会记住这一天的目标，夕会他会记住这一天的心情，所以好的夕会可以有效降低员工流失率，劣质的夕会往往是员工流失的主要原因。

例子一：一名新员工，上班的第一天犯了错误，一天结束了，夕会上被店长一顿批评，那么这个新员工第二天起床会想什么？

他会想：我还要不要去？当然，这名新员工还是上班了，有了前一天"犯错挨批"的经历，这一天他特别小心，结果越担心压力越大，压力越大越容易犯错，夕会又被一顿批评教育。

第三天这个新员工起床又问自己同样的问题："我还要去么？"终有一天他的回答是"算了，我不去了"。

例子二：经历了非常辛苦的一天，员工们为了迎合季节销售，为了让店铺的形象更好，下午时间调陈列，整理库房，每个人都很累很辛苦，到了晚上，店长觉得太累了，挥一挥手，告诉大家：下班吧，明天见。员工在回家的路上会想什么？

员工会想：一下午都在调陈列，累死了，也没卖货，累死了，累死了。大家很辛苦的时候，店长不懂得在夕会的时候鼓励大家，给大家加油打气，让大家高高兴兴地回家，结果员工经常身心俱疲地回家，对店铺产生抗拒感，我采访了很多位优秀的导购，他们一致认为，身体累点儿没啥，主要是精神世界没人关心，身体累并不是员工离职的主要原因，心灵疲惫，没人关心才是离职的重点。

（2）夕会的核心内容：
- 一天工作的总结。
- 对员工一天工作的嘉许与情绪调整。
- 对于明天工作的提前安排。

（3）让大家开心回家的方法：
- 每个人赞美一下旁边的同事。记得赞美不能泛泛而谈，一定要说得具体而真实，并且表情一定要显得真实而富有情感。
- 团队成员相互拥抱。
- 分享一个有趣的故事。
- 夕会主持人的微笑非常重要。
- 一同回家，不顺路也可以一起从店里走出去。

五、第六剑："四轮驱动"打造系统执行力

四轮驱动系统，是方法层面的东西，主要用来管人理事，提升团队的执行力，从而达成销售（如图5－1所示）。

图5－1 四轮驱动系统

（一）"四轮驱动系统"之目标系统

这个模型的第一个模块是"目标"。企业营销与管理，无不是以目标为前提，没有目标的团队，就没有前进的方向；目标是指引团队前行并为之奋斗的动力；就营销层面而言，目标还包括结果目标与过程目标（常见的结果目标包括销售额、增长率、完成率、周转率、毛利率等。常见的营销层面的过程目标包括网点开发、终端建设、推广、新品上市、人员流失、客户流失、培训场次、团队建设等。当然，过程目标与结果目标根据企业的不同，其差别是比较大的，不能一概而论）。

很多店铺是没有时段业绩的，没有时段业绩就没有时段目标。当员工脑海中没有"12点我要卖到2000元"的概念，那么她从10点钟就一定在想"12点的时候我要吃点啥"，并且一直纠结到12点。那么12点过后呢？就会开始想"下班去哪里逛街""明天休息和男朋友去哪里玩""晚上吃点啥"。

如果你的店铺没有上午工作目标，那么你的员工上午的工作目标就

是"熬到中午吃午饭"。如果你的店铺上午 10：30 没有业绩目标，那么你的员工到了 10：30 就会想："还有一个半小时就可以吃饭了，该吃点啥？"然后员工 A 找到员工 B 开始探讨，并且一直纠结到 12 点。时段目标的作用是提醒员工，紧盯目标，团队有了共同的目标才会一起努力，为了达到一个数字去使劲，彼此加油。关键一点是时段目标永远是员工自己要的，别下命令，学会"把领导要转变成员工要"，也就是引导员工自己要业绩，道理很简单，"儿子，下次要考一百分，否则我打断你一条腿"和"爸爸，我下次一定要考一百分，我特别有信心！"起到的作用肯定是不同的。

制定目标，学会把目标的管控落地，以便引起大家的高度关注，可以把业绩时段播报。每一时段向店铺的所有员工汇报店铺的即时业绩，这相当重要，设定时段目标的作用能否真正发挥，全看时段汇报能否持之以恒，时段汇报其实就是一种跟进和督进的手段与方法，有的店铺有时段目标，却没有时段跟进和时段汇报，那这个店铺的时段目标就形同虚设，因为员工不会去做领导不重视的事情，啥叫不重视？没有跟进，没有督进就叫不重视，不管你的店有多大，多重要，地理位置多好，多么有战略意义，你要执行的事情多重要，甚至关系到店铺乃至整个企业生死存亡的大事，一旦没有督进，没有跟进，就会没人做、没人管。

比如可以采取如下具体话术：

"亲爱的战狼队的家人们，大家早上好！截至上午 11 点，我们已经摘下了 4 个苹果、2 个西瓜，超额完成了 1 个苹果，下一时段我们将冲刺 3 个西瓜，请大家注意相互提醒，大家有没有信心？""有！""战狼！战狼！数我最强！"

汇报业绩一定要有欢呼声，这个欢呼一定要在晨会上演练，每一次演练都一定要有状态，没有状态是绝对不能散会的，有些店铺的晨会开久了之后，得过且过，这是不对的，这就需要监督人的严谨了，严格就是大爱，该严格的时候绝对不能含糊。

（二）"四轮驱动"系统第二个模块是计划系统

有了目标，并不意味着团队具有执行力与销售力，因为不把目标分解成计划，团队也就缺乏行动的依据，工作也就毫无章法可言；一般而言，营销层面的计划主要遵循"五到"原则，即目标分解成计划必须"到人、到产品、到区域、到渠道、到时间"。这种计划，严格意义上讲，是"结果型"计划；作为营销系统的管理，还必须要有与之匹配的"过程型计划"，即市场推广计划、新品上市计划、渠道开发计划、终端建设计划、团队建设计划、终端爆破计划、培训计划等。

这里给大家推荐几张作者屡试不爽，用得比较多的标准化表格。各位读者可以在作者的逻辑上自主加工和升级（如表 5 - 1 至表 5 - 6 所示）。（作者备注：表格提供的是一种逻辑、一种思考方法，越是有用的表格，越不在于它的细节对企业的匹配性，而在于它提供的分析方法对企业问题是否具备实用性。）

表 5 - 1 区域市场关键指标自测表

序号	指标	年度标准	当月标准（目标）	当月实际	1 - 当月目标	完成/未完成分析	备注	自测绩效			
								优	良	中	差
1	全品销售额										
2	全品销售完成率						今年1至当月销售完成量÷今年1 - 当月计划完成量				
3	全品同比增长率						今年 1 至当月销售额÷去年同期销售额 - 1				
4	明星产品完成率										
5	明星增长率										
6	流量产品完成率										

续表

序号	指标	年度标准	当月标准（目标）	当月实际	1－当月目标	完成/未完成分析	备注	自测绩效			
								优	良	中	差
7	流量产品增长率										
8	网点数量										
9	网点达标										
10	新客户开发										
11	客户流失										
12	人员产出率						销售额÷销售人员总数				
13	分销商培训										
14	终端促销场次						联动促销＋自营终端促销				
15	A类客户满意度										

表 5－2　经销商经营绩效诊断表

序号	指标	年度标准	当月标准（目标）	当月实际	1－当月累计	完成/未完成分析	备注	问题级别
1	全品销售额							
2	全品销售完成率						今年1至当月销售完成量÷今年1至当月计划完成量	
3	全品同比增长率						今年1至当月销售额÷去年同期销售额－1	
4	××完成率							
5	××增长率							
6	××完成率							
7	××增长率							
8	分销网点							
9	进货频次							
10	库存结构							
11	库容占比							

续表

序号	指标	年度标准	当月标准（目标）	当月实际	1-当月累计	完成/未完成分析	备注	问题级别
12	核心渠道覆盖率							
13	分销客户满意度							
14	主推情况							

表5-3　区域市场年度推广计划一览表

	5月		6月		7月		8月		9月		10月		11月		12月	
	区域	场次	区域	场次	区域	场次	区域	场次	区域	场次	区域	场次	区域	场次	区域	场次
路演																
渠道促销																
终端促销																
新品推广																
老品促销																
终端靓化																
终端建设																
集中作业																
分销商会议																
其他																

表5-4　区域市场2018年广告投放一览表

	5月		6月		7月		8月		9月		10月		11月		12月	
	区域	数量	区域	数量	区域	数量	区域	数量	区域	数量	区域	数量	区域	数量	区域	数量
宣传物料																
墙体																
车体																
户外高炮																
电视																
报纸																
电台																
公交																

续表

	5月		6月		7月		8月		9月		10月		11月		12月	
	区域	数量	区域	数量	区域	数量	区域	数量	区域	数量	区域	数量	区域	数量	区域	数量
网络、自媒体																
其他																

表 5－5 区域市场管理提升计划

	5月	6月	7月	8月	9月	10月	11月	12月
培训								
销售竞赛								
先进个人								
风云榜								
短信群发								
月度会议								
拓展								
拜访日志								

表 5－6　工作计划总结表

上月重点工作内容	目标	进度				完成状况	原因分析	补救措施	备注
		1周	2周	3周	4周				
1									
2									
3									
4									

本月重点工作内容	目标	进度				完成时间	措施	协助人	备注
		1周	2周	3周	4周				
1									
2									
3									
4									
5									
6									

（三）"四轮驱动"的第三个模块是"标准系统"

新零售指导下的实体门店，标准系统极其重要。

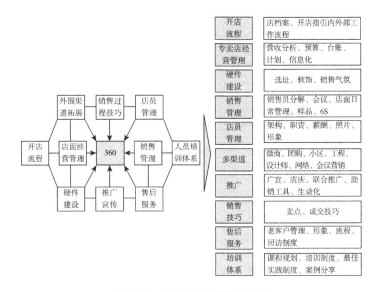

图 5 - 2　360 度门店管理系统

家居建材的门店标准化管理，是一个系统的工程（如图 5 - 2 所示），包含的内容比较多。比如开店流程、专卖店经营管理、硬件建设、销售管理、店员管理、多渠道、推广、销售技巧、售后服务、培训体系等。

单从操作层面而言，日常的营销主要是以下五大系统：

一是团队管理激励系统；

二是销售成交系统；

三是推广促销系统；

四是店面靓化系统；

五是售后服务系统。

上面五大系统，门店可以将它们形成五本标准化操作手册，也可以汇总成一本操作手册。这本手册（或者五本单行本）是培训的教材、管理的依据、考核的标准、行动的指南。教材可以随时升级，3~6个月重新梳理一次。来源于实践又指导实践。

要想让这本标准化的操作手册真正变成团队的执行力，从而最终转化成销售力，需要管理层做出巨大的努力。一般而言，团队只会做被激励的，不会做被期望的，所以，手册要想最终形成销售力，导入教练式的学习是必不可少的。

教练式的学习分成两个部分：教与练。

"教"的部分是指系统学习，包括培训知识、导入模板、演练、形成操作手册、落实行动计划、课后考试等。

教练式的学习关键是练，只有这样，标准化的东西才能最终形成执行力。练的过程包括启动大会、拓展训练、立军令状、过程辅导、竞赛、监督执行、效果验收等。

（四）"四轮驱动"最后一个模块是"激励系统"

站在营销角度来说，激励系统主要包括底薪＋考核工资＋提成工资＋PK奖金＋福利＋分红＋股权激励。

底薪主要包括工龄工资与岗位工资。工龄工资，顾名思义，只与工作年限挂钩。而岗位工资与行动级别挂钩。一般而言，底薪部分不参与绩效部分的考核，只与出勤率有关，如迟到、早退或请假等。

过程考核，一般是指对重点工作的KPI提炼，如网点开发、终端建设、产品推广等。什么是过程考核？我们看看肯德基或麦当劳厕所门背面的"清洁规定"就明白了。那里有一份对照表，清楚规定了清洁的标准与次数，完全量化可执行。

提成一般而言，当然是指基于业绩的提成，但是从操作层面而言，可以按时间维度进行分解，如月度、季度、半年度、年度等；按增量维度，可以分解成基本提成、台阶提成与超额提成；按产品维度，又可以分为高价值产品提成，促销产品提成与一般产品提成等。也就是说，根据产品的利润贡献来确定提成的比例。

PK 奖励更多是在销售竞赛的时候设置的激励方式，如评选销售之星、服务之星、新品冠军等；如需要再一次的细化，也可以按增长率、销售额、进度、服务能力、终端形象等进行 PK 奖励；需要强调的是，PK 奖金的兑现一定要尽量遵循"广而告之、微言大义、及时性、现金性"四大原则；并且利用例会、微信、短信等第一时间发布，让团队弥漫着一股"比学赶帮超"的氛围。

　　福利则是对团队进行精神抚慰的一味润滑剂。营销团队虽然是以销售为目的，以金钱为纽带，但福利与文化建设，使得团队的氛围少了剑拔弩张，多了一层温情脉脉的面纱。营销层面的福利设计没有固定的规律，常见的包括生日聚会、团队拓展、国学堂等。

　　分红与股权激励则是近年来对高管的一种激励方式，具体细节就不多说了。一般而言，中底层员工激励偏向于底薪＋提成＋过程考核＋PK 奖励，高层员工偏向于分红与股权激励。

六、PK 激励如何做

　　由于激励系统的内容过多，我们重点谈一下阶段性销售，如联盟活动、促销活动 PK 如何操作？

　　店铺内常见的 PK 项目包括：

- 销售额（月、周、日、时段）（导购与导购，店长与店长）；
- 连带率（月、周、日、时段）（导购与导购，店长与店长）；
- 10 分钟内请客入店的数量（个人或是小组 PK，适用于店铺顾客少的时候）；
- 卫生状况 PK；
- 最大一单的销售额（适用情况：这几天成交单数很多，但是整体业绩没有明显上升）；
- 1 小时内成交顾客数量（进店率高，大家很忙，但是一看，业绩

并不理想);

- 仪容仪表 PK (适用于店铺大量新员工入职,店铺需要进行形象整顿的时候,建议每周两次);
- 下单 PK (熟悉下单系统,效率会提升 30%);
- 陈列 PK (吸引顾客的第一条件就是陈列)。

有一些员工很羡慕其他企业的文化,一提到其他企业的文化赞不绝口。比如,其他企业的文化,那真是说到做到,看看人家的员工,自己会下承诺,自己会要目标,一旦完成不了任务,俯卧撑、深蹲起几百个的做,那叫一个震撼,回去我也带着员工这么做!

于是问题出现了,领导回到公司立刻召开员工大会,并且承诺,如果完不成业绩深蹲起 200 个!这位领导是出于好心,但是由于该企业之前没有 PK 文化,突然的变化大家都接受不了,以为领导疯了,怎么听完课回来就变成这样了?所以 PK 的导入是需要循序渐进的,比如,小王与小张 PK 业绩达成比,输了的那位,中午给赢了的跑腿买午饭,或是按摩十分钟,或是打扫店铺卫生,等文化顺利导入后,就可以在月会上用震撼人心的方式许下大筹码的承诺,将 PK 推向高潮。

在企业没有 PK 文化的时候,不要轻易引导员工和公司 PK,否则后患无穷。

某公司导入店铺与公司 PK 的方式,PK 业绩达成比,PK 金额 300元,胜负比率一比三,也就是说,公司赢了,店长给公司 300 元,公司输了,公司给店长 900 元,这种设计的本意是好的,前三个月也取得了效果,可是到了第四个月问题来了,首先是店长之间都不 PK 了,都开始和公司 PK,大家都很聪明,输的话输 300 元,赢的话赢 900 元,谁都愿意玩这个输得少赢得多的。其次,公司声誉在基层出现了问题,店长们赢了钱,会说这是我们赢公司的,输了钱就说这是业绩没达标,公司罚了我 300 元,结果当地"导购圈"和"店长圈"都知道这家店铺完不成业绩会罚钱。最后，还引发了一个比较麻烦的问题，一些员工由于自身素质本就不高，经过和公司反复的 PK，居然养成了和公司叫板的习惯，让老板很头痛。

如果你的企业正在发生这种情况，或者你想用这种方法，在此向你推荐一个好方法，就是直接导入超额奖励机制，如达成目标的 130%，该店铺就会获得月度超额奖，奖金 500 元。

如果你一定要让店长和公司 PK。你想建立"全民 PK"的这种方式，那么建议你在 PK 资格上下功夫，"只有参加了 PK 的店长，才有资格和公司 PK，没有参加 PK 的店长没有资格和公司 PK"。

PK 的导入应该是自上而下的，而不是领导下命令让店长和导购 PK，自己在旁边看热闹。

某公司直营体系有 2 名大区经理，8 名督导（每区 4 名督导），店长 40 名，导购员 200 名，该公司导入 PK 机制之初，督导和大区经理鼓动店长和导购进行 PK，PK 现场异常激烈，氛围很好，但是当店长们知道大区经理之间和督导之间根本没有 PK，店长们的 PK 责任感缺失，感觉受到了大区经理和督导的愚弄，兑现承诺的时候感觉不舒服，这种低级士兵自相残杀，高级军官看热闹的设定，严重的说是一种"人格侮辱"，致使第二个月店长们纷纷不玩了，士气也一落千丈。

企业如何建立 PK 文化？

第一，要确定 PK 人，大区经理、督导、店长在公司月会上做 PK，导购员在店铺月会上做 PK。

第二，要确定 PK 项，一般店长及店长以上级别人员常用的 PK 项有：A. 销售额；B. 业绩目标达成比；C. 业绩同期增长比；D. 你想要什么，就 PK 什么。本季度要大力推广连单销售，就可以倡导营销战线PK 连单率。另外，PK 项目不要经常换，要保证聚焦的力量，如果今天

PK 完成比，明天 PK 连单率，这种不稳定的 PK 就毫无价值。

第三，要确定 PK 金额。月会上的 PK 肯定是要真金白银的，以刺激动力，具体金额根据公司情况自定，建议低于 200 元就不要玩了。

某公司月度大会上，PK 赛火爆异常，灯光、音响各种顶级配置，这时候 A 店长主动挑战 B 店长 PK 业绩增长比，大声地喊出 PK 金额 100 元（台下顿时安静了，然后开始窃窃私语），A 店的店员们顿时无地自容，感觉自己的店长对员工的能力根本不信任，过了一小会儿，B 店长从容地丢给 A 店长 100 元，说太少了，不陪你玩，A 店长尴尬下台，台下笑成一片。

第四，PK 的成长项目并不都是钱。月会上真刀真枪、真金白银，而平时店铺的工作就不需要经常用钱 PK，否则店铺员工张嘴闭嘴都是钱，人与人之间不但生分而且俗套。平时工作中的成长项目，就可以温柔并且富有人性化，PK 的成长项目可以多元化、多样化，最好是对店铺的业绩有实质帮助。比如，上一时段，小王和小张 PK 业绩达成比，输了的到外边请 10 位顾客入店，或是输了的帮助大家取货品、打扫卫生，这些都是对店铺有利的成长项目。

附件：激励 PK 制度与模板

（一）目的意义

进行目标的有效分解：促销目标分解如果没有激励和 PK 制度的支持，只是数字游戏，并不能真正地激发员工斗志，员工也不会有目标感和使命感！

（二）注意事项

（1）要结合促销启动大会使用，结合现场的氛围把人员情绪调整到最佳，然后让团队、个人定目标，接下来 PK。

（2）提前跟核心人员（队长、店长等）协商好，保证 PK 顺利进行；

（3）个人 PK 金额控制在 200~400 元，不宜过大，以免影响感情；

（4）现场让大家交钱，公司也同样出相应的 PK 金额，统一放在一起，由公司保管，终期会议时统一发放！

（5）PK 表格，如表 5-7 所示。

表 5-7　PK 表格

PK 对象	PK 比例	PK 事项	备注
个人对个人	1:1	金额、完成率	二者至少选一个
个人对公司	1:3	金额、完成率	
团队对团队	1:1	金额、完成率	二者至少选一个
团队对公司	1:3	金额、完成率	

（6）PK 承诺书模板。

其一：PK 承诺书（团队与团队）

在××年＿＿＿月＿＿＿日郑重承诺：

我＿＿＿＿＿带领＿＿＿＿＿＿＿店全体销售人员，在＿＿＿月全力完成销售目标＿＿＿＿＿万元，并向＿＿＿＿＿＿＿店提出挑战！PK 内容是回款额，经双方协商团队每人 PK 金额为＿＿＿＿＿元，总计＿＿＿＿＿元，并交与财务公证。

获胜者收益对方团队 PK 金额，同时公司另补贴一份（失败方 PK 金额）。

我们一定要全力以赴完成本月回款目标，实现团队价值，为团队争光！

承诺人：＿＿＿＿＿＿
＿＿＿＿＿＿店承诺人：＿＿＿＿＿＿
＿＿＿年＿＿＿月＿＿＿日

其二：PK 承诺书（团队与公司）

在____年____月____日郑重承诺：

我_____带领_____店全体销售人员，在____月全力完成销售目标_____万元，并向公司提出挑战！

经团队研究决定 PK 金额为_____元，公司出店面三倍 PK 金额_____元，并交与财务公证。

如果 PK 成功收益公司三倍 PK 金额。如果 PK 失败团队 PK 金额归公司。

我们一定要全力以赴完成本月回款目标，实现团队价值，为团队争光！

承诺人：_____

公司承诺人：_____

____年____月____日

其三：PK 承诺书（个人与公司）

我____在____年____月____日郑重承诺：

____月全力完成销售目标_____万元，并向公司提出挑战！

PK 金额为_____元，公司出三倍 PK 金额_____元，并交与财务公证。

如果 PK 成功收益公司三倍 PK 金额。如果 PK 失败 PK 金额归公司。

我一定会尽全力完成自己的目标，实现我存在的价值，为自己争光，为团队争光！

加油！加油！加油！

承诺人：_____

公司承诺人：_____

____年____月____日

七、案例：新零售之门店效率管理

本节的内容，从内容本身来讲，确实偏传统一些。但客观地说，内容本身不容易快速升级，那么，新零售的一些工具能否用于门店的日常管理呢？我的回答是肯定的。不仅是肯定，还是未来的大趋势。不但必然，而且必须。

如图5-3所示，店面管理要实现精细化，有很多工作要做。比如，如何实现产品、库存、门店、导购、用户五者之间的高度协调，是每个门店老大难问题，问题背后的原因之一是信息差造成工作失误。

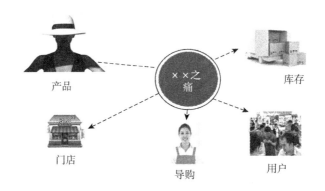

图5-3　店面管理精细化

利用新零售的管理工具，其实可以实现信息流的即时衔接。

如图5-4所示，基于微信生态圈的应用，或者小程序，可以解决信息即时互通的问题。比如，企业可以注册两个公众号，一个是企业号，用于管理内部员工与经销商的关系，另外注册一个服务号，用于管理门店与消费者之间的关系。

如图5-5所示，我们先来看看企业号，它可以管理上级与导购之间的关系，实现对导购日常的沟通与衔接。导购通过名片分享或者扫码

图5-4 微信生态圈

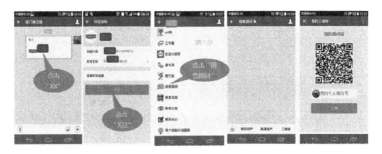

图5-5 微信关注企业号流程图

即可关注企业号。通过企业号，导购随时了解日常的销售状况、库存情况、企业动态信息、新闻，关键是导购可以随时知道自己的成交客户状况、准客户情况。

如图5-6所示，导购员在促销活动及日常管理活动中，一旦表现

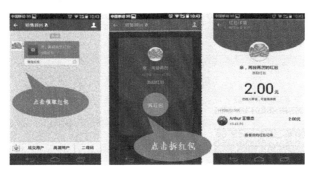

图5-6 导购红包打赏流程

良好，马上可以实现红包打赏，导购员在自己的移动端口即可领取红包，让激励变得更有效率与更有效益。

如图5-7所示，导购员可以随时通过企业公众号动态地了解自己客户的状况，并与自己的客户进行有效的互动，从而增强顾客黏性。

图5-7　导购员可通过企业公众号与客户有效沟通

如图5-8、图5-9所示，任何顾客都可以通过扫码或者名片分享，关注某服务号。顾客通过关注自己的企业服务号，随时了解自己购买品牌的动态信息，如销售顾问是谁、就近维修网点如何、同样购买产品的粉丝社区如何，也可以到粉丝社区发表观点。当然，也可以查询就近的某品牌的网点数据。

图5-8　顾客关注企业服务号流程截屏图

企业服务号的功能是可以无限延伸的，比如直接延伸为微信商城等。既然是微信商城，那么，产品展示、在线支付就是理所当然的功能。

图5-9　顾客通过企业服务号关注所购品牌动态信息

如图5-10所示，顾客在使用某产品出现产品质量问题时，通过企业服务号，可以查询就近网点，可以在线咨询导购或者售后人员。

图5-10　顾客通过企业服务号查询售后服务

第六章

新零售之精准促销

一、精准促销策略设计：吸引客户 促成成交

高明的促销策略的设计，本质是做"局"，通过基本服务、增值服务、硬性洗脑与软性洗脑，快速地完成"吸引客户、黏住客户、成交客户、深挖客户"任务。站在这个角度来看促销策略设计，很多东西就好办了。

促销策略是否有规律可循？严格意义上讲，促销的具体策略当然无法固定下来，但背后有规律可循，所谓有规律无定法就是这个意思。

促销的招数，按"局"理论来分析，包括基本服务与增值服务两个方面。促销策略设计中的基本服务，目的是为了快速完成吸引顾客进店与黏住顾客，增加成交的可能性。而增值服务中的"钜奖""买赠""低价""服务""互动参与""情怀娱乐"等，是为了快速地完成"成交"与"深挖"客户。

需要强调的是，原来以单纯的价格与物质利益诱惑顾客成交的思

维，在我们这个时代已经有点过时。促销不再是低价等纯物质的许诺，而是延伸到无形价值的层面。比如传递品牌的核心价值观、传递品牌的情怀等。

"深挖"消费者的，不是物质利益，因为物质利益的许诺对不同层面的客户而言，诱惑的动力是不同的，只有精神层面的占有，也就是心智层面的占有，才会让顾客专一。

这就是现代促销开始向立体整合促销转移的重要原因。移动互联网时代的促销，本质上是互动促销，比如线上与线下联动，新品与老品互动，前端与后台互动，话题与事件互动，会员与粉丝互动，视频与游戏互动，代理与分销互动等。只有这样，才可以让消费者对品牌形成长期的价值认可。

如表6-1所示，表格从上至下列举了20余种常见的促销招数，在"局"理念中，就销售成交的步骤而言，它们分别承担了一种或多种功能。比如，联合促销，一种促销方式可以完成"局"理论的全过程。而参与有奖，一般而言，只是起到吸引客户进店的目的。

表6-1　促销策略设计表

促销策略设计套餐	基本服务（设局）		增值服务（入局）						有形价值	无形价值
	刺激进店（注目）	下单理由订金增值	钜奖	实物	低价	服务	互动参与	情怀/娱乐		
产品折扣让利、特价					★				★	
免费（实物、服务）	★								★	★
订金增值		★								★
买赠促销				★					★	
现金返还										
凭卡优惠				★	★				★	
免费试用					★		★		★	★
联合促销	★	★	★	★	★	★	★	★	★	★
抽奖销售			★						★	

续表

促销策略设计套餐	基本服务（设局）		增值服务（入局）						有形价值	无形价值
	刺激进店（注目）	下单理由订金增值	钜奖	实物	低价	服务	互动参与	情怀/娱乐		
参与有奖	★								★	★
公关赞助										
套餐组合				★					★	
限量特供		★			★				★	
服务举措						★				★
热点炒作/事件营销	★							★		★
娱乐促销、游戏、竞技、问答	★	★					★		★	★
俱乐部						★	★	★	★	★
老顾客			★	★		★	★	★	★	★
明星、总裁签售	★						★	★		★
旅游、演唱会、××季	★						★	★		★

我们现在把促销讨论的范围缩小，仅讨论促销的策略设计层面，常见的促销策略，希望给读者更大的启示。

（一）刺激进店

刺激进店，在"局"理论中，主要是通过基本服务，也就是免费的"吃、喝、玩、乐、游戏、互动、小礼品"等套餐，达到快速吸引客户进店的目的。为什么要快速吸引客户进店呢？因为进店人数越多，人气越旺，越容易从众，从而冲动消费。

基本服务中的刺激进店的一系列免费策略设计，是基于人性中的"贪婪、好奇、爱占便宜"等心理。因为免费，所以人人趋之若鹜。以下对刺激进店的一些方法作简要说明：（需要强调的是，无法之法，方为定法，促销策略的设计，有规律，无定法。以下的方法，仅为抛砖引玉，希望给读者更大的启示。）

1. 钜惠～：进店见"礼" ＝ 见面礼 ＝ 开门见礼（喜） ＝ 天上掉馅饼

进店即送价值×元一个的×礼物。

2. 钜惠～：来电有"礼"

老客户回访全面启动，所有来电咨询的客户免费享受超值礼品（定金升级或翻倍）。

3. 钜惠～：签到有礼

到场签到即送价值×元一个的×礼物。

4. 钜惠～："抢"享豪礼

活动期间，每天前×名开单的顾客即送精美大礼一份。

5. 钜惠～：早来好礼

前×名进店的客户，送××新锐小家电一台；
前×名进店的客户，送智能××一台。

6. 钜惠～：礼上"网"来

网友可通过以下两种方式报名：

网上报名：登录当地网站进行报名，微信公众号报名，微博报名，抖音等。

电话报名：提供（姓名＋电话＋小区名称）至 8888～88888888，索取报名编号。

活动当日，凭此编号可赠送精美礼品一份。

7. 钜惠～：有"礼"有据

促销活动期间，凭 DM、促销短信或者微信，或者二维码凭证，可获得××品牌精美礼品一份。

8. 钜惠～：新春送"福"

活动当天，凭促销宣传单页，或者微信截图，或者二维码，进店领取"福"字一对，送完即止。

9. 钜惠～：限量有"礼"

×元的特价仅限前×名的客户，先到先得，送完即止。

10. 积分点赞

凭借微信端的点赞数量与转发数量，直接进店换购××礼品。

（二）下单理由

给客户一个下单的理由，在"局"理论中，本质是通过策略设计快速"黏住顾客"，防止把机会让给竞争对手，虽然离成交（全款买单）还有一定的距离，但离成交不远了。从人性的角度上讲，成交不是一次完成的，就好像烧开水，消费者是慢慢沸腾的。设计促销策略，让客户下单，从而"黏住"他，也是进入成交的必经之路。

● 通过定金升值翻倍，刺激客户早交定金；

● 定金升值技巧：越早越好（时间段），定时升级，升值越高限制越多；

● 定金大小的技巧：除了直接升级的现金抵扣，还可以抵扣连带捆绑销售的产品（甚至友好联盟品牌），还可以抵扣服务；

● 定金大小与抽奖的关系、与时间的关系、与奖品的关系。

以下，我们设计一些快速让客户下单的案例模板，仅供参考：

1. 钜惠～：预订"礼"由

×月×日前预订下单送礼，预付定金×元送豪礼。

2. 钜惠～："礼"金翻番

即日起凡交诚意金 300 元，任何时候在本店购买产品 5000 元以上，可抵 600 元。

3. 钜惠～：定金"钱滚钱"

存 100 元送 200 元抵价券，仅限前×名；存 120 元送 300 元抵价券，仅限前×名；存 200 元送 500 元抵价券，仅限前×名。

4. 钜惠～：定金翻倍返

存 100 元送 200 元券（存 120 元送 300 元券、存 200 元送 500 元券），分别实付满×元方可抵用相关面额（仅限前×名）；特价产品不可抵用。

5. 钜惠～：定金三倍返

即日起接受预订，预交定金 100 元抵 300 元（200 元建材，100 元辅料）。

6. 钜惠～：早预订＝大优惠

×号之前预存 500 元抵 600 元，×号之前预存 500 元抵 800 元，从而激励客户早下单。

前 10 名（每天/现场）预订顾客，可享受××品牌集团 100 元装修补贴/彩礼（不与抵价券同时有效）。

7. 钜惠～：排队"礼"由＝"早"定好礼

促销现场，前50名订单客户根据订单的排名先后顺序，活动当日均可再赠送相应的高档礼品。

1～3名：赠送价值300元取暖器；

4～10名：赠送价值200元电饭煲；

11～50名：赠送价值100元精美红木筷子一套。

8. 钜惠～："早"签多惠

前五名签单的客户，享受厂方赠送的3平方米建材；

6～10名签单的客户，享受厂方赠送的2平方米建材；

10名以后的签单客户，享受厂方赠送的1平方米建材。

9. 钜惠～：多"定"多奖

所有活动期间购物顾客，每实付800元定金，即可获得一次中大奖机会，百分之百有奖！

10. 钜惠～：现场下定礼

现场交定金×送价值×元礼品～；

现场交定金×送价值×元礼品～；

现场交定金×送价值×元礼品～。

11. 钜惠～：礼"惠"折现

任何礼品都可以根据价值折现，凡是想返现的客户，当场下单直返货款。

12. 钜惠～：退订增值惠

酬宾期间，所有提前交纳预订金的客户，享受退订增值 10% 的待遇（上门退订），尽管放心下定！

（三）震撼钜奖

抽奖一般而言，是促销策略中最常见的一种方法，为什么商家在促销设计当中有意无意地喜欢搞抽奖这一形式？毫无疑问，抽奖促销有其不可替代的几项竞争优势。

第一，抽奖有利于积聚人气，人都有从众心理，哪儿热闹往哪儿钻，抽奖活动有惊喜，有悬念，有侥幸，能调动人的情绪，自然而然人越聚越多。

第二，抽奖有利于抓住游离客户，也就是犹豫客户。在同等的条件下，抽奖多了一份期待。抽奖虽然不可能都中，但人都有期待心理，总以为自己是最幸运的那一个。意料之外的惊喜，幸福指数比意料之内的幸福指数要高很多。意料之内，人往往以为是应得的。而意料之外的，是超出心理预期的部分。人性往往是这样，在促销活动的设计中，大家都有的，消费者并不买账，大家没有的，消费者才买账。比如你每月固定一万底薪，对你而言，是情理中的事，你认为这是应得的，不给或者给的不足，你反而会有情绪。而你上洗手间的时候，无意中捡到的一张百元大钞，你或许激动得连如厕都忘记了。这就是意外之财带来的意外惊喜。

第三，促销中的抽奖活动政策，有利于快速成交，正因为促销中人性都有侥幸心理（典型的赌徒心态，但对不起，人性如此，概莫能外），在冲动的情绪影响下，会有"过了这个村，没有这个店"的心态。

不过，抽奖的过程中，要注意如下技巧：

技巧总结：

●抽奖本质也是在有意无意地做"局"，做"局"本质上就是玩"意料之外，情理之中"，就是琢磨透人性，在人性的痛点上"点穴"。比如，抽奖活动，人少的时候，可以"人抽奖"，积聚更多的人气，点燃现场的气氛，以便吸引更多的人来围观甚至直接参与。所以，增加每次促销时间，提升每次促销的悬念，是必然也是必须的。人多的时候，则是奖抽人，因为人多，人气已经很旺，所以，希望快速地解决问题，疏导人流。

●抽奖条件：定金满（每）×元，产品满×量，定金满×百分比。

●抽奖内容：礼品、折扣、服务、集团代言、集团补贴。

●抽奖技巧：可以根据时间来滚动，可以根据从小到大抽奖。但世事无绝对，只要"局"做得好，先从几等奖开始都不是问题。

●抽奖时间：客户早交定金，中奖概率会更高（抽奖不集中，奖券不作废），可以延续今后的免费抽奖。

以下，我们设计一些快速让客户下单的案例模板，仅供参考：

1. 钜惠~：大奖"中"不停

所有活动期间购物顾客实付×元有一次中大奖机会，百分百有奖，越抽越奖。

2. 钜惠~：买一次建材，抽×次大奖

活动期间，订单满×平方米客户，除了参与本轮抽奖，另外还可参加国庆和元旦抽奖。

3. 钜惠~：签单抽奖礼

●签单客户一等奖 1 名送价值×元礼品×；

●签单客户二等奖 2 名送价值×元礼品×；

- 签单客户三等奖 3 名送价值×元礼品×；
- 定金需交×元以上或总货款×%以上方可享受活动优惠价（根据地区调整）。

4. 钜惠～："满"意得大"奖"

- 选购本店××品牌产品；
- 现场签单满×元，赠送价值×元的×奖品；
- 现场签单满×元，赠送价值×元的×奖品；
- 现场签单满×元，赠送价值×元的×奖品；
- 现场签单满×元，赠送价值×元的×奖品。

5. 钜惠～：买建材赢 32 英寸液晶彩电

6. 实付满～元的消费者，还有机会抽取液晶电视大奖

7. 钜惠～：整点大抽奖

- 凡在活动当日签单并补交定金 2000 元以上的客户可参加 12：30 的现场抽奖活动；
- 一等奖：现金×元（1 名）；
- 二等奖：某品牌×电器 1 台（2 名）；
- 三等奖：某品牌×电器 1 台（5 名）；
- 四等奖：茶具 1 套（10 名）；
- 五等奖：××品牌毛绒玩具一只（30 名）。

8. 钜惠～：购鸿运

- 预交 60% 货款的客户享受一次抽奖机会，预交 80% 货款的客户享受连续两次抽奖机会，预交 100% 货款的客户享受连续三次抽奖

机会。

- 一等奖×名：当场派发现金×元，额外赠送价值×元的礼品；
- 二等奖×名：当场派发现金×元，额外赠送价值×元的礼品；
- 三等奖×名：当场派发现金×元，额外赠送价值×元的礼品。

备注：礼品是通常做法，之所以在礼品之外还派发现金，是基于一种心理因素考虑，看到真金白银，要比直接抵扣货款更加让人心动，更加印象深刻，同时辐射现场每个客户。

9. 钜惠～：连环抽奖

现场下单的客户，交纳货款60%以上方可享受本次所有优惠，同时获得一次抽奖机会。交纳货款80%的客户可获得两次抽奖机会。交纳货款100%的客户可获得三次抽奖机会。

10. 钜惠～：免单大抽奖

活动期间的下单客户，可参与××品牌集团全国500户免单大抽奖活动。

二、精准促销策略设计：低价诱惑 留住顾客

低价诱惑策略：

（一）低价诱惑

价格永远是营销的核心竞争力之一，在促销活动的设计当中，自然也不可避免的使用，低价诱惑的使用，本质是"让渡价值"的使用，因为每个人对低价的心理预期是不一样的，例如宝马5系车，44万元算便宜的，例如现代的悦动车，13万元算贵的。所以，低价诱惑，本质上卖的是让渡的价值，用时下比较时髦的话说，"消费者要的不是便

宜，而是占便宜"。这句话俗理不俗。但是，在具体的操作过程当中，证明占便宜还远远不够，而是通过策略设计（做"局"），让消费者相信，他占的便宜更多。

所以，"局"理念这个时候就发挥了巨大的作用，一方面，我们让消费者相信，他占的便宜（降价空间）是史无前例的，另一方面，我们在设计价格的时候，还常常留一手，在消费者最后逼单的时候，还要装作"万分痛苦"的样子，释放一部分价格空间。其实，这些价格空间都是预先设计好的，就看你的表演能力，所谓"人生如戏，全靠演技"，就是这个意思。

以下，我们设计一些快速让客户下单的案例模板，仅供参考：

1. 钜惠~："剪"便宜

活动期间，现场签单客户，凭××品牌建材促销 DM 单页剪角/邀请函/贵宾卡，可直抵×元货款（特价除外）！

活动期间，凭此单页最高可抵×元。（板材、吊顶、木门、卫浴、衣柜、油漆、电器每项抵 100 元。）

2. 钜惠~：钜惠特价款＝震撼特价

免漆门每套最低×元；实木复合门每套最低×元；原木门每套最低×元；其余全场神秘折扣现场公布。

3. 钜惠~："满"千返"百"

现场签单满 3000 返 200，满 4000 返 300，满 5000 返 400，满 6000 返 500（置顶）。

4. 钜惠~：优惠"套"路

活动期间，第一套木门×元，第二套木门×元，第三套木门×元！

5. 钜惠~：价格你来定

● 付定 1000 元以上享受 A 价，付定 2000 元以上享受 B 价，付定 3000 元以上享受 C 价；

● 现场签单×平方米享受×折，现场签单×平方米享受×折，现场签单×平方米享受×折；

● 签单客户只要付货款×％，直接返现×％（特价产品除外）。

6. 钜惠~：爱"拼"才会赢

● 亲戚朋友一起在××品牌建材专卖店，现场下单只要拼齐：

● 2 户，并购买建材满 50 平方米，送 999 元现金大礼；

● 3 户，并购买建材满 100 平方米，送 1999 元现金大礼；

● 5 户，并购买建材满 150 平方米，送 3999 元现金大礼。

7. 钜惠~：团购惠·套餐

● 套餐一：满 4 返 2——凡选购××品牌的客户，总价满 4 万元，即刻现金返利 2000 元；

● 套餐二：满 3 返 1——凡选购××品牌的客户，总价满 3 万元，现金返利 1000 元；

注：特价产品除外。

8. 钜惠~：钜惠·套餐（衣柜/木门/板材）

购买二类（三类）正价产品（非特价），总货款再优惠 2%（3%）。

9. 钜惠~："板门店"事件 = 连环让利

A. 在××品牌综合店购买建材 8000 元以上，立送 200 元木门现金券。

　　在××品牌综合店购买木门 8000 元以上，立送 200 元建材现金券。

　　B. 在本店同时采购建材和木门的，总货款再优惠 2%。

10. 钜惠～：低碳先行　购满再送

　　开业当天，订单客户只要交全款的 50%，根据定建材的平方数、木门金额，活动当日均可再赠送相应的高档礼品，礼品在下订单后发放。只要满：

　　40 平方米或木门满 4000 元：赠送电水壶一台（价值 200 元）；

　　50 平方米或木门满 5000 元：赠送电饭煲一个（价值 300 元）；

　　60 平方米或木门满 8000 元：赠送微波炉一台（价值 500 元）。

　　注：每个订单只能享受一次奖品赠送，特价品除外

11. 钜惠～：产品大联动，优惠享不停

　　1）选购××品牌板材达×元的客户，即送××品牌建材×平方米 + ××品牌豪华木门一樘，价值×元。

　　2）选购 40 平方米以上的客户，即送××品牌板材或木门现金券一张，价值 500 元。

12. 钜惠～：特别的派送

　　选购××品牌建材满 40 平方米以上的客户，即送木门现金券一张，价值 500 元。

　　选购××品牌木门满 5000 元以上的客户，即送建材现金券一张，价值 500 元。

13. 钜惠～："主辅"聚惠

　　活动期间，凡购买建材主材满×元，送价值×元的建材辅材抵

用券。

活动期间，凡购买木门主材满×元，送价值×元的木门辅材抵用券。

14. 钜惠～：辅料欢送惠

购买××品牌建材（木门）满×元，即可送××米的××品牌踢脚线。

注：以上三种让利，可以选择每满×，送×抵用券/辅材。

15. 钜惠～：N款"0"利供

团购当日，××品牌建材工厂针对小区团购直线放"价"，N款畅销产品"0"利润特供，大品牌有大实惠，低价传奇为你打造。（强化3款；复合建材3款；实木1款）。

16. 钜惠～：厂"价"特供

活动当天12：30－15：30，主流畅销建材厂价特供！现场客户均可享受"绝版"的厂家特惠价。

17. 钜惠～：限量抢购行＝负利限量购

活动当天，部分本地畅销建材成本价限量惠客/酬宾，先抢先得，抢完为止！

抢购价×元/m²，数量有限，先抢先得，抢完即止！

18. 钜惠～：五大品牌，疯狂"套"购，最高省50％

凡在五大联合品牌（××品牌）成功下定的客户；订单：2单各省3％，共省6％。

19. 钜惠~：极限让利最低三折惠

全场产品工厂直供，超值让利。强化最低五折，多款超长超宽实木最低四折，数款多层实木最低三折。

20. 钜惠~：让利级级跳

• 购××品牌建材 $50m^2$ 以上（含 $50m^2$）在原有的折扣基础上再打 9.5 折；

• 购××品牌建材 $70m^2$ 以上（含 $70m^2$）在原有的折扣基础上再打 9.2 折；

• 购××品牌建材 $100m^2$ 以上（含 $100m^2$）在原有的折扣基础上再打 9 折。

（二）售后服务

根据"局"理论，销售从开端到结束，共计五个步骤：找到、吸引、黏住、成交、深挖。在当代社会，随着 90 后的成长，以及生活条件越来越好，人们已经不满足于只是物质利益层面的诱惑，精神层面的需求更加明显，要想"深挖"消费者，必须要有精神层面的沟通，如此方能形成品牌层面的知名度。否则，谈何"小单变大单、大单变联单、联单变回头单"，消费者愿意持之以恒地消费某品牌，最关键的不是利益上的认可，而是由于精神上的认可，主要是对品牌价值的认可。

所以，销售的全程服务，是对品牌价值的最好背书。

以下，我们设计一些快速让客户下单的案例模板，仅供参考：

1. 钜惠~：家装咨询免费送

知名设计师现场免费咨询服务，各种装修难题现场帮你解答，欢迎莅临品鉴垂询！

2. 钜惠～：全年保价，差额双倍返

××品牌家居担保此次活动价为全年最低，如有不实，总公司负责双倍差价赔偿。

3. 钜惠～：服务增值惠

活动当天下定的客户，享受一年内免费保养×次。

4. 钜惠～：特约服务

当天签单的客户，享受每年一次特约上门保养服务待遇。

5. 钜惠～：5％的质保金：安装后付

凡提前预约参加活动的客户，享受5％的质保金，安装后付。
提供免费维护相关在用产品一次。

6. 钜惠～：免费三重惠

××品牌木门免费测量，免费送货，免费安装。
把"不限时无理由退单"当作一个优惠选项。

7. 八项免费服务

免费测量，免费送货上门，免费测量含水率，免费定期维护，免费一次精油保养，免费建材消毒一次避免螨虫细菌滋生，免费做入住前甲醛除味一次，免费现场监理。

（三）珍贵纪念

1. 钜惠～：劲爆"第一单"

凡活动现场签订的每个楼盘的第一单，将享受额外～特惠。

2. 钜惠～：十元磨一"谏"

凡进店客户，只要给公司的经营提供一些建议，将获得价值 10 元的谢宾礼品。

3. 钜惠～：开业纪念"板"＝绝版

强化建材最低×元/平方米；有机建材最低×元/平方米；实木复合建材最低×元/平方米；实木建材最低×元/平方米。

4. 钜惠～："属"我最惠

活动期间，凡是与本店同样属龙的客户，凭身份证可享受额外的～的特惠。

5. 钜惠～：逢 8 有礼

现场下单的客户，凡是订单号有 8 的，额外赠送×礼品一份。

6. 钜惠～：楼盘"首"惠

活动期间，每个楼盘的第一个订单客户可享受折上×折的特惠。

7. 钜惠～：免费观赏

活动当天，国内外经典传世的～木种（制作成的×），免费观赏。

8. 钜惠～：守单待"兔"

××品牌建材活动期间，凡是属兔的客户，凭身份证可享受额外×的特惠。

9. 钜惠～：同"生"同庆

今天生日的客户，凭有效身份证和订单，在原有的基础上再享受

9.5 折优惠。

10. 钜惠~："签"载难逢 ＝一字"签"金 ＝"签"动中国 ＝特别的签售

活动期间厂家总裁现场签字补贴，再降全款 5%。

11. 钜惠~："验遇"终身奖

公司筛选所有客户提供的健康环保体验的故事，经典故事将推荐给全国客户。撰稿人将被特聘为××品牌集团当地"健康大使"，享受终身保修服务。

12. 钜惠~：买建材献爱心 ＝签单义捐 ＝半价义卖

你每订购一平方米建材，××品牌××总代理将向××幼儿园捐献×元的助学基金。

13. 钜惠~：样板征集"惠"

愿作为××品牌样板房宣传的客户，享受现场优惠的同时，享受工厂额外让利 10 元/平方米。

14. 钜惠~："赢"接老客 ＝献给老客户的爱

凡××品牌建材的老客户，可到店面领取××礼品一（双）份。

凡××品牌建材的老客户，可到店面领取抽奖券一张。

活动期间，凡是老客户带来的客户，可在活动价的基础上再打 9.5 折（特价品除外）。

15. 除对老客户的"礼""利"之外，还可以让老客户作为代言人，参与现场的各种互动

● 朋友假装客户活跃促销现场的气氛；

● 把老客户的实景照片及留影现场展示；

● 让老客户参与现场的趣味游戏；

● 让老客户发表使用详细款式的感言；

● 让老客户现场为我们送感谢信或者锦旗；

● 现场为每个老客户（已下单的也算）颁发"××品牌形象代言"的证书。

16. 新老客户到场顺序

把时间段错开，既不让老客户带单子，又不会让新老客户白来一趟。**只要带小孩过来，即可获得××优惠**（店面接待，活动策划，攻心计）。

17. 五保户作为一个惠民工程

物业盖章签字证明"五保户"，建材下乡，直接打款。

18. 金喜约"惠"

凭结婚证或者婚纱照得优惠。

19. 万元专项保险

凡现场下单的客户，送万元意外损伤专项保险。

在店面展板上写几条对父母、亲朋好友的祝词，将获得××品牌建材×特惠（选择性，限量打钩也行）。

集团月刊**口碑形象代言人**征集。

20. 新年第一单

在一个时间段下单的客户，抽取"新年第一单"。

现在购买享**本命年特惠纪念价**。

××品牌集团豪礼赠送 5000 万**装修基金补贴**到你家。

有机会配合集团大型**公益植树**旅游活动。

三、推广媒介及道具技巧（上）

看到图6-1至图6-3的门头，你有什么感觉？你是否有进去一探究竟的冲动？是的，我也有，为什么会吸引你呢？新奇的创意设计，还有完美的主题表达，直指人心，让人欲罢不能。这就是道具与物料的运用。

图6-1 创意门头1

图6-2 创意门头2

图6-3 创意门头3

看到图6-4至图6-6的堆头，你又有什么感觉？自然，在一个眼花缭乱的卖场里，这么有创意的堆头，你一定会多看几眼。没错，移动互联网时代，注意力经济是关键。

图 6 - 4　创意堆头 1

图 6 - 5　创意堆头 2

图 6 - 6　创意堆头 3

所以，我们发现，高明的物料作为道具，无论是堆头还是门头，都是有主题，有话题，有创意，有场景，有互动的。

"有主题"好理解，物料作为道具的组合，要体现一个单一的主题，这个主题可能是以促销为主的氛围营造，比如节假日、开业日、婚庆日，物料的设计要符合此规律。

"有话题"，说的意思是物料作为道具能否创造一个具备自传播属性的事件。物料上的标题口号当然可以成为话题，物料的视觉设计也可以成为话题。比如一句"买房送老婆"，就充满话题与遐想。画面配合主题，以物料为载体，让人浮想联翩。

"有创意"，说的意思是道具的设计与表达很难吸引眼球。

"有互动"，说的意思是：所有的物料道具作为促销信息输出的载体，最好在显眼的位置有二维码，消费者扫码后，能有各式各样的互动促销活动。为什么移动互联网时代的促销一定要有互动呢？根据"局"理论，主要是方便"黏"住消费者。理论上讲，消费者对一个品牌关注的时间越长，自然分流到其他品牌的时间就越少，成交的概率就越高。

所以，每次的成功促销，记得让二维码＋微信＋互动，附着在每个道具物料上，让它们无处不在。

归根结底两句话：新零售的理念在家居领域，最好的促销可落地的载体是：二维码＋APP（微信或者其他）＋LBS（所有的APP具有的功能）＋互动活动＋大数据精准话题。

以下就促销活动中常见的物料及其使用方法做些探讨。

（一）活动道具的选择

易拉宝、展架、吊牌、举牌、地贴、宣传页、图册、横幅、喷绘、行架、抽奖箱、地毯、气球、彩虹门（气拱门）、卡通气模、胸（臂）贴、花篮、假花、假树叶、礼仪绶带、太阳伞、帐篷、灯笼、锣鼓、空飘、魔方、便携式话筒、彩旗、鲜花、电脑、电视。

在移动互联网时代，线下载体最好与二维码及互动营销联系起来。

逢载体必有二维码，逢二维码必显眼，逢扫码必互动。只有互动，才能线下向线上引流，才能最终产生价值。

线上的载体就更多了，流行的比如微信、微博、今日头条、快手、抖音等。这些线上的载体只是平台，但如果内容合适，传播效果也是不错的。移动互联网的本质，其实是创意性内容生产。

（二）喜庆氛围营造

1. 彩虹门法

可以在门口编织一个用气球做出的彩虹门，增添喜庆氛围。气球的颜色很多人用深红或者浅红色，我们最好用紫色，既高档又显眼。

2. 样品修饰

把店内的样品都修饰一下，比如用个红色的拉花挂粘在右上角。在某种情况下，样品的四周都可以悬挂横幅。

3. 展厅点缀

样品与样品之间宽敞的空间，空置的墙体，都可以找些中国结、灯笼等小饰品装饰起来。

4. 时尚音乐

现场如果为了烘托氛围需要播放音乐的话，就播放大家最爱看的交友类节目《非诚勿扰》《百里挑一》等的音乐，绝对效果不错。

5. 礼花烟花

在店面门口燃放烟花爆竹的情况下，尽量别扫除，或者尽量将礼炮花撒到店面中，营造一种喜庆热闹的氛围。

6. 造势道具

活动现场公布喜讯或别的"人气"信息的工具，敲锣，是个很不错的选择。

7. 桌椅装饰

现在天气太冷，注意休息区的桌椅板凳。大家很多桌椅的材料都比较硬，甚至玻璃太多。注意桌布和座套的准备。

8. 大气签名

店面准备有个性大气的签到表，大的彩色水笔。别选用普普通通的一张纸了事。

9. 迷你托盘

为了给客户倒水方便，准备个迷你小托盘。既能凸显服务，又能照顾到人多。

10. 亲朋压阵

亲朋好友到店并送来道贺花篮、祝贺横幅（竖幅）。

11. 个性举牌

活动现场如果设定有人举牌，不一定非要像传统举折扣，最好举喜讯或者礼品巡展。

（三）财气氛围营造

1. 预订展板

在店面中放置一块"客户预订单展板"（促销主题背景），从而为店面打造一种已经很多客户下单的人气。

2. 口碑展示

活动现场在样品上贴张"口碑卡",让客户在每个驻足时间比较长的款式上画个记号,比如按笔画写"正"字。

3. 喜讯公布

活动现场准备个音箱,适时公布喜讯,内容是××地板签到第几单,哪位顾客获得了什么奖品,哪个客户节约了××装修费用,××号进店客户获得××奖品,请赶快去××展位领奖(也可以用《寻人启事》吸引注意力)。

4. 节目定制

将活动现场气氛推向高潮部分的节目内容,要和相关合作方面详细事前沟通,研究对方提供的节目如何最大限度地体现公司的特色和活动的主题,甚至对他们的节目进行一定的改动,在最后将活动推向高潮的结束语中体现公司的活动主题。

5. 娱乐互动

将活动气氛推向高潮的节目,一定要体现顾客的互动因素,最大限度地让更多的顾客参与活动,避免大多数顾客成为看客,从而转移他们在活动后对折扣、价格、购买力的注意力,实现体验营销。

(四)促销蓄水阶段"卖卡"的方式

(1)在门店中针对蓄水阶段的进店客户。
(2)大城市通过设计师帮忙推介给客户。

（3）中小城市项目经理/油木工帮忙。

（4）直接安排专人到楼盘扫楼摸排。

（5）通过电话营销刺激客户预订现金券。

（6）给电话营销中的意向客户送卡上门。

（五）在楼盘卖卡的技巧

1. 精制包装

卡有精致的包装，如请柬和红包的风格。

2. 签名道具

签名表/笔，最好是婚庆贵宾签到表那种大气高档的，给客户备受重视的荣耀感。

3. 人气技巧

为了辅助第二条，特意准备个售卡签名表，把大多数格子都填满。显示已经很多人认购。

4. 销售话术

每次都采用"最后一张了"的话术（潜台词：喜欢的人多，机会稀缺），别一次拿出一沓联盟卡。

5. 卖"联盟贵宾卡"奖惩机制

•把量化指标"卖卡数量"分给每个联盟品牌，设定每天卖卡数量，同时每天开会总结分析如何跟进。

•根据卖卡的数量进行奖惩：超过目标以 20 元/个奖励，少了以

10 元/个惩罚。

• 如果出现前期落实太过不到位，现场造成恶劣影响的，可选择取消其联盟资格。

6. 目标要求

最低要求，应该设定为一定能达到数量。然后超越的按～元/份（如 5 元）奖励。如果最终签单，再补发～元/份（例如 15 元）奖励。

7. 激励奖励

设定每天（总计）卖卡前三甲的奖励，进步最快奖，签单最多奖，签单最大奖。

（六）DM 单页

1. 发放位置

自家店面、建材市场、友好品牌店面、待装修楼盘小区、建材圈所有活动现场、闹市区等。

2. 发放方式

报纸夹页，友好品牌（联合印刷，软文广告及单页），扫楼，零促，网络下载。

3. 道具整合

店内不用发，店外没人看，所以要整合造势的道具：横幅、气模、举牌、移动喷绘。

4. 竞品单页

当客户进店时，手中拿着对手的宣传单页，想办法通过"倒水"，引导向"休息区"的方法，争取把客户的宣传单页留在店里。

5. 随身携带

活动当天，店员在向客户介绍时，要随手拿个宣传页（注意拿的方向和防止把宣传页弄皱），从而利于在客户迈出店面大门之前最短的时间内把活动内容散播出去。

6. 离店结果

凡是进店的顾客，出门之后手上一定要有我们宣传活动的彩页。

7. 个人品牌

在顾客离店给宣传页时，也要给自己的名片（最好有自己的照片）。"你好，这是我的名片，你叫我小×好了，有什么问题可以随时咨询，下次进店时直接找我好了"，同时提醒自己，打造公司平台上的个人品牌（不停说自己的小名）！

8. 案例借鉴

广德为了规避保安排查把宣传页用档案袋包装好递交给客户。

9. 剪角优惠

设计的时候，在单页的右下角设置一个剪角，意向客户可以凭此剪角获得一个好处。

10. 名片装订

名片正常放在图片的右上方，同时不要订在姓名、品牌名称和品牌荣誉上，订书针也别订斜了，保持整体效果。

11. 创意形状

可以打破常规的 A4 纸的形状，根据品牌的特色和促销的主题，设定一个特别的形状来让意向客户耳目一新。

（七）单页的摆放

1. 整洁

宣传页一般都是从仓库中拿出来，注意把上面落的灰尘处理干净。

2. 新旧

杜绝褶皱，破损，宣传页放在桌面的明显位置上。

3. 朝向

根据消费者常坐的位置朝向，把宣传页的方位正反面摆放正确整齐。

4. 重视

店里不能随意拿着，特别是在客户出店前要格外注意。

不能在垃圾桶内（公共厕所的垃圾桶更要注意）发现宣传页。

5. 传递

递给客户的时候，要注意宣传页的正面是正面对客户的，从而方便客户在最短的时间内认知促销关键词。

（八）DM 单页投放

1. 待装楼盘

在待装楼盘，一般物业是不让发的，甚至门口都不让发，只能在门口附近发放，发放的时候最好能穿个卡通气模，同时举个广告牌。这样的效果辐射面广、认知度高，要比发单页好多了。小区扫楼，逐户宣导，对有意向的客户发放邀请函，最好是将抵用券推荐给客户，并详细登记信息，最好的办法是把客户引导到×公司用户的施工现场参观和体验。

2. 建材市场

建材市场发放的技巧首先表现在人员的选择上，很多都是聘请大学生做零促，效果并不明显，因为大学生的积极性不高，对产品不了解，无法清晰解说促销活动和产品特色，所以尽量把店面的闲置导购资源整合一下，由她们循环去门口分发，忙时再到店里。

3. 夹报派送

技巧上面已经有所阐述，请参考。

4. 发散思考

DM 单页面临各种"无用"尴尬的情况下，可以选择利用"请柬"

代替，内页左面是邀请函，右面是促销内容。

5. 分发宣传页人员的安排艺术

首先检查宣传页有没有灰尘，现场激励（活动前集中开会宣布，带到展位最多的前三名有额外的现金奖励，同时每天下班时开会颁奖），整体布局（入口处、签到处、领奖处、地板区边缘），手持手法（杜绝卷持，正面对着消费者，摊开竖放），宣导的语言（手指展位位置，尝试带过去，活动的折扣，进店有礼），衣冠整理（不能有奇装异服，必须穿统一的广告衫，不能穿拖鞋）。

根据活动形式的不同，注意座套、停车位和电瓶车的插页广告。

6. 增加一些灵感源于我们有简欧的款式

● 有个相当好的创意——"留学生营销"，可以根据年龄的不同，有选择性的做所有接触客户的事情。

● 为了吸引注意力，发单页的时候无论是否下雨都打伞过去。

● 商谈好现场促销员（一定要提前培训）发放宣传页的分布位置，举牌分布，用一些玩具或塑料娃娃圈定活动范围。

7. DM 单页 PK 展架的内容

● 单页文字

DM 单页较小，主要是向外发放，而此时的客户一般在排斥的心理下，留意的时间都较短，所以，不宜文字太多，否则客户的认知效果会大打折扣。

● 展架细则

展架是客户进店之后才会接触到的，说明他的购买意向比较明确，这时，应该把详细的活动细则（特价的技巧，抽奖的细节，流程的推进）注明。

- 内容详简

单页代表着对外宣传的媒介，代表着前期宣传的媒介（户外广告、邀请函、邀请卡、短信息、电话），不宜把活动说明的太过明了，最好能有种造势的成分。

四、推广媒介及道具技巧（下）

推广道具有：

（一）易拉宝或者展架

1. 放置位置

易拉宝或展架的作用是吸引客户，所以应该放置在入户门以外，而不是门内。因为放置在门内很容易干扰客户行走路线。客户一般不会特别仔细地看优惠细则，大多通过询问了解。

2. 砍价道具

在砍价的现场，专人顺便把展架（举牌）带上去，摆在两边形成一种阵势，也刺激客户认知的程度。

3. 刺激道具

活动蓄水阶段所有的宣传页、易拉宝或者展架，以及各个平台上面的活动内容宣传，标题的字体做成"手撕"的效果，是个很激发感性的技巧。

（二）手提袋营销（记得让二维码＋微信＋互动无处不在）

1. 装饰展厅

展位中门与门之间，最简单有效的调节物件是纸质手提袋，整齐有序地以侧面形式摆放。

2. 促销配合

促销时配合奖品的摆放。

3. 大小优势

无纺布手提袋比较大，会将竞品的小手提袋装进去，从而让海量的手提袋成为品牌流动的广告。

4. 发放时机

• 客户到达的高峰期前至少一个小时海量发放；

• 会场离市区近或交通便利，11：30 后就不要发了，防止手提袋因客户回家吃午饭而减少了能见率。

（三）户外广告

1. 位置选择

最好选择在热点楼盘的必经路段。特别是在建楼盘比较多的地方。

2. 方式选择

（1）上面已经讲述过了一种方式，**向友好品牌借用**。

（2）发散思维户外广告，不一定全部是户外广告牌，也可以穿着**卡通气模**在促销蓄水周期，当地知名的大型活动现场出现，特别是建材圈的大型活动。

（3）在建楼盘附近的**院墙广告**（最好不要那种刷涂料的广告，用喷绘做最好，可以随时更新，便于促销活动宣传）。

（4）可以和**在建楼盘**的施工队队长谈，在他们的防护网上面放置一块我们的喷绘广告（合肥做架子的，做过很多这种广告）。

（5）在有钱人出城和进城的几个**主干道周边**，民房上面制作喷绘广告，费用非常低。

（6）县级市可以选择用**巡游车**宣传！

（四）气拱门营销技巧

1. 放置位置

大多是为了渲染喜庆的气氛，放置在建材市场的几大出入口。其实这种做法容易造成资源的浪费，完全是为所在的市场造势，毕竟气拱门太高，字太小，加上红色底与黄色字的反差小，很难被客户看到促销活动的详情。

2. 颜色匹配

大多是用红底黄字。其实应该更加区别化些，户外（远离店面）的地方应该用红底白字，这样红白的反差较大，容易让户外移动的行人迅速认知。

3. 效果提升

最好是放在自家店面门口，用红底黄字显得喜庆的同时，与店面的整体装饰融为一体。

4. 宣传重点

两大因素："利好"和"品牌"。因为行人的移动速度和这种道具认知的弊端，必须要对客户有格外的好处，才会被注意到。客户被吸引或诱惑到之后，才会留意到底是什么品牌的什么活动。

5. 替代道具

可以采用成本较低的"气球彩虹门"，宜用粉红色、大红色、黄色和紫色。组合方法不一定非要用钢架，可以去管业店里按照大小买几个塑料管，集合小木棍，组成三角，然后再捆绑气球，既有立体感，又喜庆十足。

（五）地毯地贴技巧

1. 造势

主要是通过促销来告知、吸引、诱惑客户进店了解我们的品牌。

2. 引导

地贴除了吸引客户进店了解外，还作为一种路引，引导客户找到我们的店面。

3. 密度

为了更好地起到引导作用，同时节约资源，离店面越近，粘贴的密度越高。

4. 位置

店面的地毯和地贴一定要从放置在门外开始。门口地贴要两个，一个是引导客户到我们的店面，一个是引导客户在门口直接进店。

5. 牢固

地贴粘贴的时候一定要粘贴牢靠，不宜出现边缘翘起，甚至走上去打滑。

6. 形状

圆形、箭头形、足迹（脚指头）形、五角星形。

（六）道旗/吊旗技巧

1. 引导

在通往活动现场的路上，要用吊旗（市场内）或者道旗（市场外）加以引导，同时也为了更好地宣传活动内容，吊旗和道旗要成规律（直线或曲线）的悬挂，颜色和内容要突出。

2. 缺憾

吊旗在日常店面销售中，是弥补店面硬件方面品牌宣传力度不够的有效手段。但是仍然有很多地方做砸了，悬挂的效果太差，把店面搞得像杂货铺。

3. 悬挂

根据客户认知的习惯、方向（别悬挂太高或太低，客户不是侧面而来）、方位调整店面中地贴和吊牌的悬挂。

4. 周期

至少提前半个月，在店面附近顾客的必经之路上贴几个关键的大小合适的地贴。店面中的吊牌、易拉宝全部到位。

5. 辅助

很多店面因为挂吊旗不方便，便通过拉线的方式，结果吊旗都悬在了空中效果太差。最好记住用绳子和胶带，也可以通过粘钩来解决吊顶上面没有附着点的问题。

（七）横幅彩旗技巧

1. 横竖

大多采用横向的，但是这样会让竖幅更加显眼。很多店面门头上悬挂的就是竖幅。

2. 重心

品牌和"礼利"是主旋律！市场内部额外注重店面位置引导牌，市场外部额外注重店面地址引导。

3. 周期

至少提前2周悬挂在市场或其他新开小区周边。

4. 附着

注意充分利用门店周边的树木和电线杆，同时考虑到本地相关部门的管理要求。

5. 颜色

如果可以悬挂比较多的横幅，尽量把横幅的底色别用单一的红色背景，可以五颜六色，吸引客户，同时注意底色和字体颜色的对比度，防止字迹不清晰。这个方法不多见，总有一个横幅能吸引客户注意。

6. 内容

横幅的内容重点是品牌和促销口号，没有必要把地址、电话弄上去，这样品牌和促销内容的效果就会打折扣。但是在店面周边的横幅，一定要有多个指示店面方位的粗大箭头。

7. 道贺

现场有各种贺喜的红色横幅，渲染氛围。

8. 指示

当拉横幅的时候，应该在横幅的末端画个大大的明显箭头指示店面的位置。

9. 样品

在某种情况下，样品的四周都可以悬挂横幅。

10. 彩旗的方向，要注意常有的风向

（八）网络炒作

（1）多注册网名，每天发帖，尽快提高网名或者用户名的级别，提高在网络上的知名度和说服力。

（2）针对待装修小区的业主论坛的版主（其余在论坛上比较活跃受欢迎的网友也考虑），应该进行重点的公关跟进，也许他会在论坛上帮忙宣传，至少别删我们的适度广告。

（3）在装修论坛系统搜罗一些正在写装修日志的网友，尽量争取他为我们在装修日志中做个软性宣传。

（4）对来自炒作比较好的楼盘论坛的客户，共同语言比较好找，给予特别关照。

（5）在经理的安排下，有步骤有技巧地为我们在网络宣传平台上发帖顶帖宣传，提高人气（特别是沙发和前三位，对活动疑问的顶帖

要通过刺激客户对品牌的认知把帖子顶到首页）。

（6）以公司名称为注册名在待装修业主论坛上发些关于生活服务的帖子，回帖，绝不发广告，全是润物细无声的点滴服务。

（7）在网站上开设"家居装修咨询限时回复"栏目，由营业员每天关注，同时提高行业了解和接待客户的软介绍能力。

（8）QQ 的自动回复的设置和所回复语言的话术选择，防止顾客抱怨服务不及时。

（9）想方设法地加入待装修小区的 QQ 群和微信群，平时主要潜水，在活动前的关键时期狂发广告，不惜被踢。

（10）把公司的相关专业视频、活动视频、会议视频、参展视频、采访视频上传到各大知名视频网站，同时将这些内容全部采用文本记录的方式制作成各种帖子在论坛上发表（特别是门户网站）！

（11）把公司的图片全部加上水印，上传到相关网站上面。但是广告性不可太强，文字的组织，字体的大小，字体的位置，字体的颜色要格外注重。

（九）网络发文的技巧

（1）主题注意使用抢眼的句子，比如"特大喜讯，全年最低，抢啦"。

（2）标题字体前面能否加些特殊的字符。

（3）一些标点符号的运用。

（4）文字的内容不能太少。

（5）根据论坛的规则，能否加粗、能否换颜色等。

（6）**回帖的要点就是：**

• 首先我们先用相关的图片回复第一个帖子；

• 第二个帖子开始不能评好，也不能评坏，主要评说对品牌的印象，如门头、广告渠道、对老板的印象、世博会用过、朋友家好像有人用过等关于品牌认知的问题；

- 回帖也可以发店面的门头等品牌相关的图片；

- 每个回帖，语气一定要轻描淡写，字数要少点，有游客的风格。

（7）活动蓄水期间与业主论坛的版主多沟通一下，我们给他一定好处的前提下，请对方为我们以好多顾客喜欢为理由号召一个小型的团购活动。

（8）建立业主 QQ 群或者微信群，通过蓄水、话题或者制造公司事件来活跃群。当然，适时的红包是必不可少的。制造销售的热闹氛围，有四种情况，消费者容易形成冲动：促销的即时性，服务的即时性，产品的即时性，货期的即时性。

（9）活动前多和正在写**装修日记**的网友培养感情，尽量将他们争取过来给我们写软性的装修日志，甚至给他们比活动现场更低的折扣。

（10）在活动前的蓄水阶段，我们要针对版主通过注册很多的"潜伏"网民对网络宣传平台的顶帖（自捧人气）进行系统化的全面调整。

（11）活动结束之后，向老客户宣传"写感受有奖"活动，从而最大限度地开发老客户，从而把客户的获奖文章、照片公布在炒作平台上（活动推广平台要统一，客户文章的来源最好是选择炒作平台，最好选择的客户正在写装修日记）。

（12）可以在网上升级到一定的等级之后，将一些装修故事甚至一些顾客的感谢信公布到网络上供网友讨论。

延伸阅读

「新零售」是什么物种

一、新零售的本质

新零售不是零售模式升级，而是用户思维的进化和零售商业体验的迭代。

打破"线上"和"线下"的渠道界限仅是新零售的发端和表象，其本质是以大数据支撑场景洞察，以体验设计为基础架构的新信用关系和新效率体系。

新零售首先是从流量逻辑向用户逻辑的进化，由传统零售中的流量覆盖无差异用户，转向场景化覆盖心智已经完成整体迭代和被互联网技术赋能的新世代（80、90、00 年代的年轻人）用户。

新世代用户最显著的特征有两点，一是数字化，用户身份特征和行为模式的数字化；二是个性化，个体意志觉醒，用户主动寻求满足个性化需求的情感消费。

零售商业体验的迭代构建了新零售的新消费场景，传统零售"经验供货－最大触点铺货－模糊消费者"的"货－场－人"模式，转向新零售"数字化用户－细分化的特定场景－基于特定场景的供给侧解决方案"的"人－场－货"模式。

基于用户数据挖掘新消费场景，构建新的特定场景下的用户体验解决方案，在与用户的交互中形成新的商业关系和价值传递。

（吴声场景实验室创始人，新物种实验计划发起人）

案例一：全民直接购物

网红美女拿着手机，一路吃喝玩乐，粉丝一边点评，一边打赏，你觉得满意，可以点击屏幕下方的购物袋购物，购物休闲两不误，如图1所示。

近年，快手与抖音，粉丝流量以几何级增长，也证明了网红的魅力。

说到网红，说到全民直播购物，就有人把二者顺理成章地结合在一起。比如，某地"智慧××"邀请当红主播，走到各个合作商家的后厨，去直播做菜过程，在线上直播品尝饭菜的口感，去分享本地的美食，在这个过程中，仅3次直播就获得上万人观看。当然，这还只是小众的市场网络，抖音上的网红的直播节目，点击率甚至达几千万，如图2所示。

图1　软件截图1

图2　软件截图2

通过直播，带给了商家实际的粉丝，消费者也已经熟悉并认可了这种通过 APP 直播下单的方式。让本地的消费者更加直观地了解到智慧××合作的店铺。网红时代的消费者，往往一切都是娱乐化的，连吃个东西都要把它娱乐化。成都的"妖娆哥"，把面条玩得"手舞足蹈"，吸引了不少的粉丝，经网友一传播，瞬间在网上声名鹊起。当然，"妖娆哥"声名鹊起，身价也跟着水涨船高，如图3所示。

图3　软件截图3

新零售之所以火，离不开移动互联网时代的关键技术作为支持，移动互联网的关键技术与应用是新零售的核心与骨干，甚至可以说新零售的另一种说法就是"移动互联网技术在产品流通端的应用"。移动互联网让一切相连，人与人、物与物、人与物。移动互联网是众生平等的技术基础。

所以，移动互联网作为技术与应用，一键操作人机互联，人与整个世界联通，就可以全民购物，就可以直播。当然背后的软件设计也是非常精巧，把功能打造到极致，来供我们的商家去使用，供我们的合伙人帮助商家转型，供消费者第一时间找到自己所有想要的东西。

二、新零售的关键词：技术、图腾、信仰

新零售的驱动力，100%来源于移动互联网时代的技术革命。3D、VR、智能科技等创新技术的出现和运用，让新技术成为传统零售或者服务行业的热词。比如，在家居领域，新技术不仅使家居消费体验升级，也加快了消费升级和消费转型的步伐。无论是家居卖场、家具店还是装修公司，都在积极推广新技术的运用，通过VR体验等3D技术，给消费者呈现出更好的产品效果。

更多新一代消费者对智能家居技术更为关注，扫地机器人、智能灯光、智能音响、家居安防系统等智能家居设施，都非常受欢迎。

新技术的风起云涌，改变了人、货、场的配置方式。

案例：就试·试衣间：女生自拍天堂

杭州星光大道的就试·试衣间，让无数年轻女性为之疯狂。其本质上还是源于对85后、90后女生心理的深刻洞察：爱自拍、爱分享、我行我素，以自我为中心的心态。（实际上，哪个年代的人不是爱自拍、爱分享呢？这都是人性，2000年前，司马迁在《史记》中就借项羽之口说出了"富贵而不还乡，如锦衣夜行"的人性炫耀心理，爱秀、爱招摇，古今无二。）

就试·试衣间充分满足年轻女性的精神需求，运用高颜值设计、贴心细节、趣味互动、智能科技俘获芳心。

进店：扫码下载APP方可进入（据说男士会吃闭门羹），如图4所示。

图4 年轻女性对杭州星光大道的就试·试衣间兴趣浓厚

图片来源/赢商网

逛店：按照森女、名媛、OL等风格设计分区，各种范儿的女生都可边逛边拍照。

试衣：每个分区超过12个试衣间，还有不同的主题；不喜欢的衣服直接扔到"不要筐"，如图5所示。

图5 试衣间里营造的女性场景

图片来源/中国时尚品牌网

互动：换完衣服可到外面任意拍照，各种道具、饰品任君选择，将"荐人"照片上传，店铺会挑出搭配人气最好的照片，投放在屏幕上，还可参与弹幕互动……

细心的读者会发现，就试·试衣间总是有意无意地在构建一个"场"，精心地营造一个"女生世界"，年轻的女生有什么独特的心理诉求？当然有，如爱自拍、爱炫耀，想成为情感世界里梦中的女王，想享受更多的鲜花与点赞，想隔离现实，在另一个世界里按自己的生活方式行走，想换一个角色做自己等，而就试·试衣间，就是女性角色转换的梦工厂，实现自我的同时，即时性的连接外界，收获鲜花与点赞，如图6所示。

图6 试衣间里的"女主播"

图片来源/浙江新闻

三、新零售的关键词：大数据

有了大数据，才能更好地提高效率，理解消费者，为消费者服务。

服务商利用大数据、云计算等创新技术，构成未来新零售的概念。纯电商的时代很快将结束，纯零售的形式也将被打破，新零售将引领未来全新的商业模式。一句话，大数据的精准分析与广泛应用，将重新分配流量，把需求与产品（或者服务）实现最佳的匹配。最精准的需求、最佳的服务、最高的性价比、最好的场景体验，这些只有实现大数据的全面应用，才变得一切皆有可能。

门店数字化是影响全渠道运营的关键。数据是未来商业发展的新能源、新资源，而数据的共享与交换就是数字化的基础。

通过数据的内外部共享、交换，企业可以更深刻地理解消费者的行为及心理，进行需求分析、产品创新，实现精准决策及管理、精准营销、提升运营效率等。

离开大数据的应用与建立在大数据基础上的资源融合，新零售其实什么都不是。

案例：亚马逊实体书店：以数据、评价为导向的推荐模式

移动互联网时代，传统实体店受到的冲击是无比巨大的，毫无疑问，书店受到的冲击更大，对于实体书店而言，几乎是毁灭性的。但是，总有些书店痛定思痛、破茧重生。比如，台湾的"诚品书店"，在移动互联网时代，借势而行，取得了不俗的业绩。当然，亚马逊线下书城更是御风飞翔，取得了骄人的业绩。

书店里不是啥书都卖，我们常认为库存越多越好，这样消费者可选择的空间就越大，实际上不是这样，在市场无比细分的今天，一个品牌或者品类不可能满足所有的消费者的需求，所以通过大数据精准分析目

标受众，分析每个产品的流量与流速，这样就可以精准地锁定书的品类与数量，亚马逊书店内的6000多种图书，全是经过亚马逊20多年来积累的大数据分析筛选出的，根据受欢迎程度、收藏数、读者评论等得出排名，且只有评价四星以上的书才有商家资格，每周更新3次，如图7至图9所示。

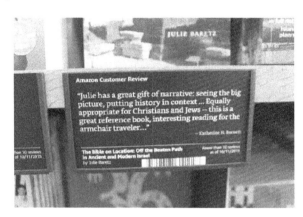

图7　亚马逊实体书店1

每本书都有精选的"读者书评"标签

图片来源/魏凯

图8　亚马逊实体书店2

评价4.8星以上的书　图片来源/CMKT咨询圈

图 9　亚马逊实体书店 3
图片来源/Rokey Zhang

如果你喜欢左边的，你也会爱上右边的，是不是有点像"猜你喜欢"？什么叫"猜你喜欢"？其实无须猜，因为每个人在网络上的浏览记录、消费记录、购买记录、点评记录，都被大数据无情地记录。大数据比我们自己更了解我们，大数据下面，我们都是透明人。

亚马逊书店还建立了非常有趣的标签系统，除了这些外，还有"给游戏迷的礼物""给孩子们的礼物""如果你喜欢从 0 到 1""最常被添加到心愿单的书"等。真正做到"以用户为中心"！书迷们再不需要烦恼买什么书，大数据已经帮消费者做好选择了。从更广泛的意义来说，因为掌握了消费者的大数据，人性化的设计、情感类的互动，更成为移动互联网时代新零售 2.0 版主要方式，产品的卖点不再是单纯诉求功能利益点，而越来越诉求无形的层面：情感、情怀、审美、理想、追求、自我实现……亚马逊书店把这一切都玩到了极致。

四、新零售的关键词：全网营销

玩转新零售，线上、线下的"全渠道"建设是基本配置。

未来实体店和网店就是融为一体的"双店模式"——让线上消费

者获得线下的体验和服务，同时可将实体店顾客吸引至线上消费。

比如，PC互联网时代或者传统门店时代，售点强调销售功能，传播的接触点，也只是接触点，很难变成销售网点。我们的传播载体，比如单张、折页、海报、POP、吊旗、海报、条幅、车体、灯牌、门头、小礼品乃至人本身，都仅是接触点。

但是移动互联网主导的新零售时代，所有的接触点，借助移动互联网时代的关键技术（比如二维码），都瞬间可以变成销售网点。

为什么这样说呢？

比如，扫码所链接的窗口可以是一个微商城，可以是企业自建商城，也可以是以淘宝为代表的大众电商。所谓商城，即销售点，因为有产品展示，可以在线支付。

我们可以想象在移动互联网时代的消费场景，消费者拿着一部智能手机（也可能是其他智能可穿戴设备），吃喝玩乐、衣食住行，他的地理位置被锁定，他的位移方向被锁定，他的兴趣爱好被锁定。如果饿了，基于地理位置的搜索，某APP就可以根据他的大数据，为他提供相关餐饮解决方案；消费者累了，大数据提醒他可以推送最喜欢的休闲娱乐等。

时间到了，相关APP会有前瞻性的提醒服务。

出差异地，相关APP（比如华为手机的情景智能）会根据他的喜好，及时提醒他出行时间、航班、准点信息、出差地的朋友、商圈信息、美食地图等。

案例：优衣库：所见即所得，"门店自提"模式

优衣库视频门，应当是尽人皆知。他策划的每场事件，都能成为茶余饭后的谈资。

相信大家对每年"双十一"仍然记忆犹新，优衣库天猫旗舰店不到3分钟破亿，在当天上午即挂出全店售罄公告。当然，每年"双十一"的消费空间有逐渐被榨干之嫌，人为制造的消费波峰之后，迎来

的是后续一段时间的网购疲软。不过，有些比较牛的企业，在移动互联网时代，利用线上、线下联动，把新零售玩得炉火纯青、淋漓尽致。优衣库便是杰出代表。

就近取货，所见即所得：消费者在网店下单付款后，会在24小时之内收到完成备货的通知，随后可前往全国100多个城市的超过400家门店便捷取货，如图10所示。

图10　优衣库门店自提
图片来源/首席品牌官

网店/门店同步优惠：在门店的部分商品，也会提供与线上相同的"双十一"优惠价格，如图11所示。

图11　优衣库门店
图片来源/首席品牌官

移动互联网把"信息通、服务通、物流通（也叫产品通）、资金通"发挥到了极致，传统 PC 互联网时代，四者不能不说也在"通"，但就效率而言，与移动互联网时代相比，不可同日而语。优衣库的做法实现了"产品通"，它缩短了线上购物所需等待的物流时间，满足了消费者"我要的现在就要"的期待。而这背后需要有一套完备的库存管理系统，以及不同门店的协调能力支撑。说白了，看得见的是服务、质量、体验感，看不见的核心竞争优势是优衣库强大的供应链整合能力。

五、新零售的关键词：一切为了消费者

新零售的本质还是运营消费者，从产品的代理人变成用户的代言人，从"产品思维"到"用户思维"，挖掘用户的需求和喜好，让消费者真正满意。"比用户更了解用户"，通过大数据分析出用户的潜在需求，是用户思维的极致应用。

在新零售时代，顾客一定是注册的，是有名有姓的。只有注册，才能与顾客建立连接，才能做出准确的顾客分析，才能精准锁定用户的需求，提供私人定制的解决方案，才可以接触管理。

新零售需要构建新的以场景、IP、社群、传播为主线的营销模式，将会助推企业发展。传统以商品为中心、以价格为主要手段的营销方式需要彻底改变。未来的营销主线是：体验－场景—IP—社群—互动传播—个性定制。企业要快速打造新的营销体系。

案例：耐克：培育跑团文化，打造跑步社群

耐克在传播诉求上，从它诞生起，就一直以另类的方式存在，每一次传播，总能"出乎意料之外，全在情理之中"，成为传播学上的经典。

耐克的传播诉求，不是产品功能式的，而是价值观式的，耐克的传

播已经升华为一种宗教般的存在。这就是耐克，时刻把握住"上帝"的旨意，从而做出准确的市场定位，使得耐克传播深入人心。耐克正逐渐成为一种被物化了的体育精神或人类征服自然和超越自我的象征。产品的功能已经被品牌所寓意的象征和情感所融化。这就是成功品牌的精髓所在。优秀的创意赋予了产品一种能够满足目标顾客心理的视觉美感和情感的附加值，结合产品卓越恒久的品质，二者兼收并蓄，共同构筑起了耐克的国际品牌形象。

这不，在移动互联网时代，耐克依然精准把握住了消费者的心理，占尽先机，玩起了新营销。除了一如既往的深耕产品、提供多元的门店体验外，还把眼光放到了"社群运营"，以此获得更强的消费者黏性。

Nike + 应用从 10 年前就已经开始了，从当初简单地记录跑步里程的工具成长为全球运动爱好者分享、互动、挑战、鼓励的数字社区。2013 年，Nike + Run Club 官方微信发布，迅速引爆了超过 1000 个跑步主题微信群，如图 12 所示。

图 12　跑步主题微信群截屏图
图片来源/SOCIAl ONE

耐克通过积极支持和帮助各地跑团组织的活动、赞助各地马拉松赛事，对中国各城市跑步热潮的兴起起到重要的作用，这也提高了耐克的品牌美誉度，如图 13 所示。

图 13　耐克通过线上组织的线下跑步运动
图片来源/SocialBeta

耐克的这些套路，把握了移动互联网时代的精髓，所谓物以类聚，人以群分，移动互联网时代，人群重新打散重组，更多的是以圈子存在。可以说，传播的方法，不再是单向重复的，而更多地体现为"圈子＋话题＋互动＋二次转发"。

六、新零售的关键词：O2O ＋F2C＋会员制

三种模式的通俗定义：

● O2O：线下与线上的体验、互动、支付、传播等。

备注：O2O 曾是一个火得一塌糊涂的词，随着新零售这一概念的异军突起，O2O 仿佛前尘旧事。如果说 O2O 是线下与线上的体验、互动、支付、传播等，那新零售不也是这些东西吗？所以，新零售与 O2O 区别在哪里呢？

其实，就本质而言，恕我直言，两者并无区别，新零售这一概念，无非是为了争夺话题权而发明的新词而已。新零售无非是披着外衣的 O2O 而已。如果一定说有区别，我认为新零售是 O2O 的升级版，是移动互联网时代，技术与应用连接线上与线下变得更有效率而已。

● F2C：从工厂直接到消费者，省去中间流通环节。移动互联网时

代，去中介化是大势所趋。

●会员制：一次性消费，就可终身享受会员折扣，并有机会参与市场利润分配。不同层级的会员，个性定制不同的服务。

三种模式的发展现状：

（1）O2O：这个模式火了几年，从兴起到败落如昙花一现。O2O项目在 2016 年迎来了倒闭潮，至今无人敢提起，创业的、融资的，谁提 O2O，谁死得更快。但 O2O 并没走远，换了一个新锐的外衣，叫"新零售"，如图 14 所示。（很多新零售专家未必同意新零售是 O2O 的升级版，他们可以找出一大堆令人眼花缭乱的理由，愚意以为，"名相之争"已经没有大意义，关键还是看内容。）

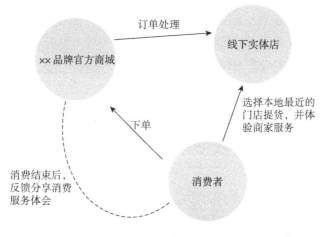

图 14 O2O 模式图解

（2）F2C：**一种颠覆传统商品供应链格局的新模式。**

传统的商品流通路径，由于中间环节太多，层层加价，产品到达消费者手里往往价格居高不下。而 F2C 模式就是产品从工厂直接到消费者手中，消费者可以用出厂价格买到商品。所以，F2C 为消费者提供了能够购买最具性价比产品的新模式，为消费者带来了价值最大化！如图 15 所示。

$$工厂 \xrightarrow{\text{F2C}} 消费者$$

Factory To Customer
无任何中间环节

图 15　供应链新格局 F2C 模式图

问题来了，为什么以前不提 F2C，不可以进行大规模的 F2C 呢？

其实说来也简单，这一切都是拜移动互联网所赐。移动互联网时代的技术及应用使得信息越来越透明，物流效率越来越高，资金流越来越方便快捷，这三者，是去中介化的关键。

我认为，未来渠道的演化趋势是中间压缩，横向细分。

所谓中间压缩，可以理解为渠道层级越来越短，但中国的多数传统企业不可能没有渠道。因为，区域市场的推广、服务、销售、配送、资金风险，都还是需要中介商承担的。特别是一些个性定制行业，如家居建材、保健养生行业，更是离不开渠道。这个时候，渠道有另外一个更贴切的名字叫"服务商"。

所谓横向细分，是指横向的渠道接触点，会随着移动互联网的发展，分化出 N 多细分渠道，比如天网（大众电商、垂直电商、自建电商）、地网与人网。

所以去中介化，不是无中介，而是转换中间商的角色与定位。

（3）**会员制：这是一种经典的消费型创业模式。借助移动互联网时代的关键技术，生命力更是不可小觑。甚至在某些行业，如美容美发、健身、家居建材，会员制是营销的主流模式。为什么在移动互联网时代会员制将爆发出更大的能量呢？关键还是移动互联网的技术运用，可以快速地计算，提升了分析与判断的效率。使得会员与产品方更能即时性的互动。**

那么，"O2O + F2C + 会员制"完美结合在一起的全新模式有啥好处呢？毕竟没有好处的事情，谁愿意干？

什么叫好处？简而言之，所有的商业模式，归根结底，无非是打造三个层面的竞争力：帮人挣钱、帮人省钱、帮人省心。

我们来看看，对于消费者、厂家到底有哪些好处与优势呢？

消费者能得到什么好处？

• 去中介化，所以消费者能够以出厂价格买到好产品，可以终身享受物美价廉的产品；

• 只是换个地方消费（电子商城）就可以比之前更省钱，把中间代理的层层流通成本和利润让利给消费者，消费的同时还可以参与利润的分配，消费者联合起来也可以成为资本家，甚至消费者本身即是渠道；

• 消费者不会买到假冒伪劣产品；

• 足不出户就可以买到健康生活用品。如果比较忙，没有太多的时间去逛超市，去美容院美容，去养生馆，那么只要在家也可以全部做到。

对于厂家有什么好处呢？

• 消费者忠诚度高。因为产品品质好又能省钱，消费者会主动自愿去消费；

• 由于采用的是会员制，通过口碑相传，传播速度快。正如微信一样，发信息、语音都是免费的，所以，仅仅 1~2 年时间就快速暴增；

• 销量大。由于采用市场几何倍增学的原理，会员参与利润分配，会员自身会积极主动、有效地去口碑相传，对于厂家来说，会不断地增加消费者，提升销量。

推荐作者得新书！

博瑞森征稿启事

亲爱的读者朋友：

感谢您选择了博瑞森图书！希望您手中的这本书能给您带来实实在在的帮助！

博瑞森一直致力于发掘好作者、好内容，希望能把您最需要的思想、方法，一字一句地交到您手中，成为管理知识与管理实践的桥梁。

但是我们也知道，有很多深入企业一线、经验丰富、乐于分享的优秀专家，或者忙于实战没时间，或者缺少专业的写作指导和便捷的出版途径，只能茫然以待……

还有很多在竞争大潮中坚守的企业，有着异常宝贵的实践经验和独特的洞察，但缺少专业的记录和整理者，无法让企业的经验和故事被更多的人了解、学习……

对读者而言，这些都太遗憾了！

博瑞森非常希望能将这些埋藏的"宝藏"发掘出来，贡献给广大读者，让更多的人从中受益。

所以，我们真心地邀请您，我们的老读者，帮我们搜寻：

推荐作者

可以是您自己或您的朋友，只要对本土管理有实践、有思考；可以是您通过网络、杂志、书籍或其他途径了解的某位专家，不管名气大小，只要他的思想和方法曾让您深受启发。

可以是管理类作品，也可以超出管理，各类优秀的社科作品或学术作品。

推荐企业

可以是您自己所在的企业，或者是您熟悉的某家企业，其创业过程、运营经历、产品研发、机制创新，等等。无论企业大小，只要乐于分享、有值得借鉴书写之处。

总之，好内容就是一切！

博瑞森绝非"自费出书"，出版费用完全由我们承担。您推荐的作者或企业案例一经采用，我们会立刻向您赠送书币 1000 元，可直接换取任何博瑞森图书的纸书或电子书。

感谢您对本土管理原创、博瑞森图书的支持！

推荐投稿邮箱：bookgood@126.com　　　推荐手机：13611149991

1120 本土管理实践与创新论坛

这是由 100 多位本土管理专家联合创立的企业管理实践学术交流组织,旨在孵化本土管理思想、促进企业管理实践、加强专家间交流与协作。

论坛每年集中力量办好两件大事:第一,"出一本书",汇聚一年的思考和实践,把最原创、最前沿、最实战的内容集结成册,贡献给读者;第二,"办一次会",每年 11 月 20 日本土管理专家们汇聚一堂,碰撞思想、研讨案例、交流切磋、回馈社会。

论坛理事名单(以年龄为序,以示传承之意)

企业案例·老板传记

	书名·作者	内容/特色	读者价值
企业案例·老板传记	你不知道的加多宝:原市场部高管讲述 曲宗恺 牛玮娜 著	前加多宝高管解读加多宝	全景式解读,原汁原味
	借力咨询:德邦成长背后的秘密 官同良 王祥伍 著	讲述德邦是如何借助咨询公司的力量进行自身与发展的	来自德邦内部的第一线资料,真实、珍贵,令人受益匪浅
	娃哈哈区域标杆:豫北市场营销实录 罗宏文 赵晓萌 等著	本书从区域的角度来写娃哈哈河南分公司豫北市场是怎么进行区域市场营销,成为娃哈哈全国第一大市场、全国增量第一高市场的一些操作方法	参考性、指导性,一线真实资料
	六个核桃凭什么:从0过100亿 张学军 著	首部全面揭秘养元六个核桃裂变式成长的巨著	学习优秀企业的成长路径,了解其背后的理论体系
	像六个核桃一样:打造畅销品的36个简明法则 王 超 范萍 著	本书分上下两篇:包括"六个核桃"的营销战略历程和36条畅销法则	知名企业的战略历程极具参考价值,36条法则提供操作方法
	解决方案营销实战案例 刘祖轲 著	用10个真案例讲明白什么是工业品的解决方案式营销,实战、实用	有干货、真正操作过的才能写得出来
	招招见销量的营销常识 刘文新 著	如何让每一个营销动作都直指销量	适合中小企业,看了就能用
	我们的营销真案例 联纵智达研究院 著	五芳斋粽子从区域到全国/诺贝尔瓷砖门店销量提升/利豪家具出口转内销/汤臣倍健的营销模式	选择的案例都很有代表性,实在、实操!
	中国营销战实录:令人拍案叫绝的营销真案例 联纵智达 著	51个案例,42家企业,38万字,18年,累计2000余人次参与……	最真实的营销案例,全是一线记录,开阔眼界
	双剑破局:沈坤营销策划案例集 沈 坤 著	双剑公司多年来的精选案例解析集,阐述了项目策划中每一个营销策略的诞生过程,策划角度和方法	一线真实案例,与众不同的策划角度令人拍案叫绝、受益匪浅
	宗:一位制造业企业家的思考 杨 涛 著	1993年创业,引领企业平稳发展20多年,分享独到的心得体会	难得的一本老板分享经验的书
	简单思考:AMT咨询创始人自述 孔祥云 著	著名咨询公司(AMT)的CEO创业历程中点点滴滴的经验与思考	每一位咨询人,每一位创业者和管理经营者,都值得一读
	边干边学做老板 黄中强 著	创业20多年的老板,有经验、能写、又愿意分享,这样的书很少	处处共鸣,帮助中小企业老板少走弯路
	三四线城市超市如何快速成长:解密甘雨亭 IBMG国际商业管理集团 著	国内外标杆企业的经验+本土实践量化数据+操作步骤、方法	通俗易懂,行业经验丰富,宝贵的行业量化数据,关键思路和步骤
	中国首家未来超市:解密安徽乐城 IBMG国际商业管理集团 著	本书深入挖掘了安徽乐城超市的试验案例,为零售企业未来的发展提供了一条可借鉴之路	通俗易懂,行业经验丰富,宝贵的行业量化数据,关键思路和步骤

互联网+

	书名·作者	内容/特色	读者价值
互联网+	新营销 刘春雄 著	新营销的新框架体系是场景是产品逻辑,IP是品牌逻辑,社群是连接逻辑,传播是营销逻辑	助力品牌商实现由传统营销到新营销的理念和行动的跨越,助力企业打赢升级转型之仗
	企业微信营销全指导 孙 巍 著	专门给企业看到的微信营销书,手把手教企业从小白到微信营销专家	企业想学微信营销现在还不晚,两眼一抹黑也不怕,有这本书就够

	书名/作者	内容简介	推荐语
互联网+	企业网络营销这样做才对：B2B 大宗 B2C 张 进 著	简单直白拿来就用，各种窍门信手拈来，企业网络营销不麻烦也不用再头疼，一般人不告诉他	B2B、大宗 B2C 企业有福了，看了就能学会网络营销
	互联网时代的银行转型 韩友诚 著	以大量案例形式为读者全面展示和分析了银行的互联网金融转型应对之道	结合本土银行转型发展案例的书籍
	正在发生的转型升级·实践 本土管理实践与创新论坛 著	企业在快速变革期所展现出的管理变革新成果、新方法、新案例	重点突出对于未来企业管理相关领域的趋势研判
	触发需求：互联网新营销样本·水产 何足奇 著	传统产业都在苦闷中挣扎前行，本书通过鲜活的案例告诉你如何以需求链整合供应链，从而把大家熟知的传统行业打碎了重构、重做一遍	全是干货，值得细读学习，并且作者的理论已经经过了他亲自操刀的实践检验，效果惊人，就在书中全景展示
	移动互联新玩法：未来商业的格局和趋势 史贤龙 著	传统商业、电商、移动互联，三个世界并存，这种新格局的玩法一定要懂	看清热点的本质，把握行业先机，一本书搞定移动互联网
	微商生意经：真实再现 33 个成功案例操作全程 伏泓霖 罗晓慧 著	本书为 33 个真实案例，分享案例主人公在做微商过程中的经验教训	案例真实，有借鉴意义
	阿里巴巴实战运营——14 招玩转诚信通 聂志新 著	本书主要介绍阿里巴巴诚信通的十四个基本推广操作，从而帮助使用诚信通的用户及企业更好地提升业绩	基本操作，很多可以边学边用，简单易学
	阿里巴巴实战运营 2：诚信通热卖技巧 聂嵘海 著	诚信通 TOP 商家赚钱的密码箱，手把手教你操作，拿来就用	图文并茂，内容齐全，直接可以对照使用
	抖音营销如何做：未来抖商 刘大贺 著	解密从 0 到 1 亿粉丝的实操路径，深度剖析抖音营销全系统策略	企业做抖音营销的第一书
	微商团队长：从入门到精通 罗品牌 著	由浅入深，涵盖微商团队长必学技能的方方面面	只要照着做，就能当好微商团队长
	互联网精准营销 蒋 军 著	怎么在互联网时代整体策划、包装品牌和产品，并在此基础上为企业设计商业模式，技术实现并运营落地	为有基础的小微企业（大企业的新项目）1 年实现销售额过亿，2 年对接资本，3 年左右准 IPO
	今后这样做品牌：移动互联时代的品牌营销策略 蒋 军 著	与移动互联紧密结合，告诉你老方法还能不能用，新方法怎么用	今后这样做品牌就对了
	互联网+"变"与"不变"：本土管理实践与创新论坛集萃·2016 本土管理实践与创新论坛 著	本土管理领域正在产生自己独特的理论和模式，尤其在移动互联时代，有很多新课题需要本土专家们一起研究	帮助读者拓宽眼界、突破思维
	创造增量市场：传统企业互联网转型之道 刘红明 著	传统企业需要用互联网思维去创造增量，而用电子商务去转移传统业务的存量	教你怎么在"互联网＋"的海洋中创造实实在在的增量
	重生战略：移动互联网和大数据时代的转型法则 沈 拓 著	在移动互联网和大数据时代，传统企业转型如同生命体打算与再造，称之为"重生战略"	帮助企业认清移动互联网环境下的变化和应对之道
	画出公司的互联网进化路线图：用互联网思维重塑产品、客户和价值 李 蓓 著	18 个问题帮助企业一步步梳理出互联网转型思路	思路清晰、案例丰富，非常有启发性
	7 个转变，让公司 3 年胜出 李 蓓 著	消费者主权时代，企业该怎么办	这就是互联网思维，老板有能这样想，肯定倒不了
	跳出同质思维，从跟随到领先 郭 剑 著	66 个精彩案例剖析，帮助老板突破行业长期思维惯性	做企业竟然有这么多玩法，开眼界

行业类:零售、白酒、食品/快消品、农业、医药、建材家居等

	书名. 作者	内容/特色	读者价值
零售·超市·餐饮·服装	总部有多强大,门店就能走多远 IBMG 国际商业管理集团 著	如何把总部做强,成为门店的坚实后盾	了解总部建设的方法与经验
	超市卖场定价策略与品类管理 IBMG 国际商业管理集团 著	超市定价策略与品类管理实操案例和方法	拿来就能用的理论和工具
	连锁零售企业招聘与培训破解之道 IBMG 国际商业管理集团 著	围绕零售企业组织架构、培训体系建设等内容进行深刻探讨	破解人才发现和培养瓶颈的关键点
	中国首家未来超市:解密安徽乐城 IBMG 国际商业管理集团 著	介绍了乐城作为中国首家未来超市从无到有的传奇经历	了解新型零售超市的运作方式及管理特色
	三四线城市超市如何快速成长:解密甘雨亭 IBMG 国际商业管理集团 著	揭秘一家三四线连锁超市的经验策略	不但可以欣赏它的优点,而且可以学会它成功的方法
	新零售 新终端 迪智成咨询团队 著	梳理和提炼新零售的系统打法,将之落地在新终端建设上	让新零售这一看似形而上的商业概念有了可以落地的立足点
	新零售动作分解:建材 家居 家具 盛斌子 著	第一本锁定在家居建材、家电、家装等耐用消费品领域谈新零售的书	第一本谈新零售的具体动作、策略、方法、招术的书,拿来就用
	新零售进化趋势与未来格局 李政权 著	通过业态、品类、体验、场景等,逐一呈现新零售的未来进化	就新零售未来的发展方向与进化趋势给出一个确定性的未来
	涨价也能卖到翻 村松达夫 【日】	提升客单价的 15 种实用、有效的方法	日本企业在这方面非常值得学习和借鉴
	移动互联下的超市升级 联商网专栏频道 著	深度解析超市转型升级重点	帮助零售企业把握全局、看清方向
	手把手教你做专业督导:专卖店、连锁店 熊亚柱 著	从督导的职能、作用,在工作中需要的专业技能、方法,都提供了详细的解读和训练办法,同时附有大量的表单工具	无论是店铺需要统一培训,还是个人想成为优秀的督导,有这一本就够了
	百货零售全渠道营销策略 陈继展 著	没有照本宣科、说教式的絮叨,只有笔者对行业的认知与理解,庖丁解牛式的逐项解析、展开	通俗易懂,花极少的时间快速掌握该领域的知识及趋势
	零售:把客流变成购买力 丁昀 著	如何通过不断升级产品和体验式服务来经营客流	如何进行体验营销,国外的好经营,这方面有启发
	餐饮企业经营策略第一书 吴坚 著	分别从产品、顾客、市场、盈利模式等几个方面,对现阶段餐饮企业的发展提出策略和思路	第一本专业的、高端的餐饮企业经营指导书
	餐饮新营销 杨勇 程绍珊 著	在新环境下,对餐饮营销管理进行了全面深入的解读,提供了方式方法	全面性、系统性,区别于市面上的纯操作类作品
	电影院的下一个黄金十年:开发·差异化·案例 李保煜 著	对目前电影院市场存大的问题及如何解决进行了探讨与解读	多角度了解电影院运营方式及代表性案例
	赚不赚钱靠店长:从懂管理到会经营 孙彩军 著	通过生动的案例来进行剖析,注重门店管理细节方面的能力提升	帮助终端门店店长在管理门店的过程中实现经营思路的拓展与突破
耐消品	商用车经销商运营实战 杜建君 王朝阳 章晓青 等著	从管理到经营,从销售到服务,系统化运作全指导	为经销商经营开阔思路,掌握方法
	汽车配件这样卖:汽车后市场销售秘诀 100 条 俞士耀 著	汽配销售业务员必读,手把手教授最实用的方法,轻松得来好业绩	快速上岗,专业实效,业绩无忧

耐消品	润滑油销售:这样说这样做更有效 张金荣 著	针对渠道、经销商、终端的超实用话术	上车看,下车用,3 分钟就能学会。
	新经销:新零售时代,教你做大商 黄润霖 著	从选址、产品、促销、团队、规模阐述新经销变与不变的市场手法和操作思路	实地拜访近 100 位经销商在传统营销手法上的创新、新营销工具的发现
	珠宝黄金新营销 崔德乾 著	营销、品牌、产品、连接、场景、社群、服务、传播、管理及产业价值链	新营销在珠宝行业的实战应用,业内必备第一书
	跟行业老手学经销商开发与管理:家电、耐消品、建材家居 黄润霖 著	全部来源于经销商管理的一线问题,作者用丰富的经验将每一个问题落实到最便捷快速的操作方法上去	书中每一个问题都是普通营销人亲口提出的,这些问题你也会遇到,作者进行的解答则精彩实用
白酒	酒水饮料快消品餐饮渠道营销手册 朱伟杰 著	主要针对快消品(酒水、饮料)的餐饮渠道,提供了区域、商圈、不同业态的规划和促销安排等多种工具,并提出了经销商、批发商等相关人员的管理方法	一本酒水饮料如何在餐饮渠道销售的全能手册,内容深入翔实,可以直接照搬套用,这样的便利简直千金不换
	白酒到底如何卖 赵海永 著	以市场实战为主,多层次、全方位、多角度地阐释了白酒一线市场操作的最新模式和方法,接地气	实操性强,37 个方法、6 大案例帮你成功卖酒
	变局下的白酒企业重构 杨永华 著	帮助白酒企业从产业视角看清趋势,找准位置,实现弯道超车的书	行业内企业要减少90%,自己在什么位置,怎么做,都清楚了
	1. 白酒营销的第一本书(升级版) 2. 白酒经销商的第一本书 唐江华 著	华泽集团湖南开口笑公司品牌部长,擅长酒类新品推广、新市场拓展	扎根一线,实战
	区域型白酒企业营销必胜法则 朱志明 著	为区域型白酒企业提供 35 条必胜法则,在竞争中赢销的葵花宝典	丰富的一线经验和深厚积累,实操实用
	10 步成功运作白酒区域市场 朱志明 著	白酒区域操盘者必备,掌握区域市场运作的战略、战术、兵法	在区域市场的攻伐防守中运筹帷幄,立于不败之地
	酒业转型大时代:微酒精选2014 – 2015 微酒 主编	本书分为五个部分:当年大事件、那些酒业营销工具、微酒独立策划、业内大调查和十大经典案例	了解行业新动态、新观点,学习营销方法
快消品·食品	中国快消品营销的这些年 史贤龙 著	作者精华文章的合集,一本书浓缩了过去十五年,中国营销的实战历程与前沿思考	快消品营销行业的案例和方法都原汁原味呈现,在反映当时风貌的同时,展望与反思
	营销中国茶:2 小时读懂茶叶营销 史贤龙 著	从不同视角对中国的茶营销进行了思考,内容涉及中国茶产业战略困境、茶企规模化、茶品牌崛起、茶文化、茶营销、茶消费、茶零售、茶道等	内容丰富扎实,文字流畅,浓缩的都是精华,让你 2 小时读懂茶叶营销
	这样打造快消品标杆市场 罗宏文 著	帮助你解决如何成功打造标杆市场和进行持续增量管理两大问题	一套系统的方法论,通俗易懂,可以直接套用
	5 小时读懂快消品营销:中国快消品案例观察 陈海超 著	多年营销经验的一线老手把案例掰开了,揉碎了,从中得出的各种手段和方法给读者以帮助和启发	营销那些事儿的个中秘辛,求人还不一定告诉你,这本书里就有
	快消品招商的第一本书:从入门到精通 刘雷 著	深入浅出,不说废话,有工具方法,通俗易懂	让零基础的招商新人快速学习书中最实用的招商技能,成长为骨干人才
	乳业营销第一书 侯军伟 著	对区域乳品企业生存发展关键性问题的梳理	唯一的区域乳业营销书,区域乳品企业一定要看

	书名/作者	内容	评价
快消品·食品	金龙鱼背后的粮油帝国 余 盛 著	讲述金龙鱼品牌及母公司丰益国际的商业冒险故事	在精彩的阅读体验中学到营销管理的方法
	食用油营销第一书 余 盛 著	10多年油脂企业工作经验，从行业到具体实操	食用油行业第一书，当之无愧
	中国茶叶营销第一书 柏 龑 著	如何跳出茶行业"大文化小产业"的困境，作者给出了自己的观察和思考	不是传统做茶的思路，而是现在商业做茶的思路
	调味品企业八大必胜法则 张 戟 著	八大规律性的关键成功要素，背后都有本土调味品企业的成功实践	"观点阐述＋案例描述"，行业必读
	调味品营销第一书 陈小龙 著	国内唯一一本调味品营销的书	唯一的调味品营销的书，调味品的从业者一定要看
	快消品营销人的第一本书：从入门到精通 刘 雷 伯建新 著	快消行业必读书，从入门到专业	深入细致，易学易懂
	变局下的快消品营销实战策略 杨永华 著	通胀了，成本增加，如何从被动应战变成主动的"系统战"	作者对快消品行业非常熟悉、非常实战
	快消品经销商如何快速做大 杨永华 著	本书完全从实战的角度，评述现象，解析误区，揭示原理，传授方法	为转型期的经销商提供了解决思路，指出了发展方向
	快消品营销：一位销售经理的工作心得2 蒋 军 著	快消品、食品饮料营销的经验之谈，重点图书	来源与实战的精华总结
	快消品营销与渠道管理 谭长春 著	将快消品标杆企业渠道管理的经验和方法分享出来	可口可乐、华润的一些具体的渠道管理经验，实战
	成为优秀的快消品区域经理（升级版） 伯建新 著	用"怎么办"分析区域经理的工作关键点，增加30%全新内容，更贴近环境变化	可以作为区域经理的"速成催化器"
	销售轨迹：一位快消品营销总监的拼搏之路 秦国伟 著	本书讲述了一个普通销售员打拼成为跨国企业营销总监的真实奋斗历程	激励人心，给广大销售员以力量和鼓舞
	快消老手都在这样做：区域经理操盘锦囊 方 刚 著	非常接地气，全是多年沉淀下来的干货，丰富的一线经验和实操方法不可多得	在市场摸爬滚打中的"老油条"，那些独家绝招妙招一般你问都是问不来的
	动销四维：全程辅导与新品上市 高继中 著	从产品、渠道、促销和新品上市详细讲解提高动销的具体方法，总结作者18年的快消品行业经验，方法实操	内容全面系统，方法实操
农业	饲料营销有方法：策略 案例 工具 陈石平 著	跳出饲料看饲料，根据饲料营销的关键成功要素（KSF）提出7大核心命题	紧跟农牧产业发展大势，提高饲料企业营销竞争力
	新农资如何换道超车 刘祖轲 等著	从农业产业化、互联网转型、行业营销与经营突破四个方面阐述如何让农资企业占领先机、提前布局	南方略专家告诉你如何应对资源浪费、生产效率低下、产能严重过剩、价格与价值严重扭曲等
	中国牧场管理实战：畜牧业、乳业必读 黄剑黎 著	本书不仅提供了来自一线的实际经验，还收入了丰富的工具文档与表单	填补空白的行业必读作品
	中小农业企业品牌战法 韩 旭 著	将中小农业企业品牌建设的方法，从理论讲到实践，具有指导性	全面把握品牌规划，传播推广，落地执行的具体措施
	农资营销实战全指导 张 博 著	农资如何向"深度营销"转型，从理论到实践进行系统剖析，经验资深	朴实、使用！不可多得的农资营销实战指导
	农产品营销第一书 胡浪球 著	从农业企业战略到市场开拓、营销、品牌、模式等	来源于实践中的思考，有启发
	变局下的农牧企业9大成长策略 彭志雄 著	食品安全、纵向延伸、横向联合、品牌建设……	唯一的农牧企业经营实操的书，农牧企业一定要看

医药	在中国,医药营销这样做:时代方略精选文集 段继东 主编	专注于医药营销咨询15年,将医药营销方法的精华文章合编,深入全面	可谓医药营销领域的顶尖著作,医药界读者的必读书
	医药新营销:制药企业、医药商业企业营销模式转型 史立臣 著	医药生产企业和商业企业在新环境下如何做营销? 老方法还有没有用? 如何寻找新方法? 新方法怎么用? 本书给你答案	内容非常现实接地气,踏实谈问题说方法
	医药企业转型升级战略 史立臣 著	药企转型升级有5大途径,并给出落地步骤及风险控制方法	实操性强,有作者个人经验总结及分析
	新医改下的医药营销与团队管理 史立臣 著	探讨新医改对医药行业的系列影响和医药团队管理	帮助理清思路,有一个框架
	医药营销与处方药学术推广 马宝琳 著	如何用医学策划把"平民产品"变成"明星产品"	有真货、讲真话的作者,堪称处方药营销的经典!
	医药行业大洗牌与药企创新 林延君 沈斌 著	一方面,围绕着变革,多角度阐述药企的应对之道;另一方面,紧扣实践,介绍近百家医药企业创新实践案例	医改变革10年,医药企业如何应对大洗牌? 重磅出击的药企人必读书
	新医改了,药店就要这样开 尚锋 著	药店经营、管理、营销全攻略	有很强的实战性和可操作性
	电商来了,实体药店如何突围 尚锋 著	电商崛起,药店该如何突围? 本书从促销、会员服务、专业性、客单价等多重角度给出了指导方向	实战攻略,拿来就能用
	OTC医药代表药店销售36计 鄢圣安 著	以《三十六计》为线,写OTC医药代表向药店销售的一些技巧与策略	案例丰富,生动真实,实操性强
	OTC医药代表药店开发与维护 鄢圣安 著	要做到一名专业的医药代表,需要做什么、准备什么、知识储备、操作技巧等	医药代表药店拜访的指导手册,手把手教你快速上手
	引爆药店成交率1:店员导购实战 范月明 著	一本书解决药店导购所有难题	情景化、真实化、实战化
	引爆药店成交率2:经营落地实战 范月明 著	最接地气的经营方法全指导	揭示了药店经营的几类关键问题
	引爆药店成交率:专业化销售解决方案 范月明 著	药品搭配分析与关联销售	为药店人专业化助力
	处方药合规推广实战宝典 赵佳震 著	推广体系搭建、推广人员岗位工作内容、推广服务外包商管理等六个方面	解决"医药代表转型"和"推广服务外包商管理"的困惑
	医药代理商实操全指导:新环境 新战法 戴文杰 著	结合医药市场政策环境解读新环境下医药招商的战法,着重分析药品产业链的盈利机会	医药销售业务人员的必备读物
	攻略基层诊所:医药营销这样做 张江民 著	对基层诊所的开发、维护和动销,拿来就用的方式方法	实战是本书的主旨,只要用心去看,就能在基层诊所市场中运用
	互联网医药的未来 动脉网 编著	介绍了互联网医药发展的现状与趋势	帮助创业者和投资人看清未来,把握当下
	处方药零售这样做 田军 著	阐述了处方药零售的重要性,以及做处方药零售市场的具体措施和方法	系统性了解和掌握处方药零售方法
建材家居	成为最赚钱的家具建材经销商 李治江 著	从销售模式、产品、门店等老板们最关注和最需要的方面解决问题、提供方法	只要你是建材、家具、家居用品的经销商老板,这就是一本必读的书
	定制家居黄金十年 韩锋 翁长华 著	梳理了定制家居的商业模式和发展情况	帮助定制家居看清方向,把握当下
	家具建材促销与引流 薛亮 李永峰 著	十大促销模式的详细方法和工具	让你天天签大单

建材家居	**家具行业操盘手** 王献永 著	家具行业问题的终结者	解决了干家具还有没有前途？为什么同城多店的家具经销商很难做大做强等问题
	建材家居营销：除了促销还能做什么 孙嘉晖 著	一线老手的深度思考，告诉你在建材家居营销模式基本停滞的今天，除了促销，营销还能怎么做	给你的想法一场革命
	建材家居营销实务 程绍珊 杨鸿贵 主编	价值营销运用到建材家居，每一步都让客户增值	有自己的系统、实战
	家居建材门店6力爆破 贾同领 著	合盘道出一线品牌销量秘籍	6力招招见血，既有招数，又有策略
	建材家居门店销量提升 贾同领 著	店面选址、广告投放、推广助销、空间布局、生动展示、店面运营等	门店销量提升是一个系统工程，非常系统、实战
	10步成为最棒的建材家居门店店长 徐伟泽 著	实际方法易学易用，让员工能够迅速成长，成为独当一面的好店长	只要坚持这样干，一定能成为好店长
	手把手帮建材家居导购业绩倍增：成为顶尖的门店店员 熊亚柱 著	生动的表现形式，让普通人也能成为优秀的导购员，让门店业绩长红	读着有趣，用着简单，一本在手、业绩无忧
	建材家居经销商实战42章经 王庆云 著	告诉经销商：老板怎么当、团队怎么带、生意怎么做	忠言逆耳，看着不舒服就对了，实战总结，用一招半式就值了
工业品	**销售是门专业活：B2B、工业品** 陆和平 著	销售流程就应该跟着客户的采购流程和关注点的变化向前推进，将一个完整的销售过程分成十个阶段，提供具体方法	销售不是请客吃饭拉关系，是个专业的活计！方法在手，走遍天下不愁
	解决方案营销实战案例 刘祖轲 著	用10个真案例讲明白什么是工业品的解决方案式营销，实战、实用	有干货，真正操作过的才能写得出来
	变局下的工业品企业7大机遇 叶敦明 著	产业链条的整合机会、盈利模式的复制机会、营销红利的机会、工业服务商转型机会……	工业品企业还可以这样做，思维大突破
	工业品市场部实战全指导 杜忠 著	工业品市场部经理工作内容全指导	系统、全面、有理论、有方法，帮助工业品市场部经理更快提升专业能力
	工业品营销管理实务 李洪道 著	中国特色工业品营销体系的全面深化、工业品营销管理体系优化升级	工具更实战，案例更鲜活，内容更深化
	工业品企业如何做品牌 张东利 著	为工业品企业提供最全面的品牌建设思路	有策略、有方法、有思路、有工具
	丁兴良讲工业4.0 丁兴良 著	没有枯燥的理论和说教，用朴实直白的语言告诉你工业4.0的全貌	工业4.0是什么？本书告诉你答案
	资深大客户经理：策略准，执行狠 叶敦明 著	从业务开发、发起攻势、关系培育、职业成长四个方面，详述了大客户营销的精髓	满满的全是干货
	两化融合管理系统贯标流程与方法 戴勇 张华杰 张百荣 编著	全面梳理贯标流程和方法	帮助企业成功贯标
	一切都为了订单：订单驱动下的工业品营销实战 唐道明 著	其实，所有的企业都在围绕着两个字在开展全部的经营和管理工作，那就是"订单"	开发订单、满足订单、扩大订单。本书全是实操方法，字字珠玑、句句干货，教你获得营销的胜利
金融	**交易心理分析** (美)马克·道格拉斯 著 刘真如 译	作者一语道破赢家的思考方式，并提供了具体的训练方法	不愧是投资心理的第一书，绝对经典
	精品银行管理之道 崔海鹏 何屹 主编	中小银行转型的实战经验总结	中小银行的教材很多，实战类的书很少，可以看看

	书名．作者	内容/特色	读者价值
金融	支付战争 Eric M. Jackson 著 徐彬 王晓 译	PayPal 创业期营销官,亲身讲述 PayPal 从诞生到壮大到成功出售的整个历史	激烈、有趣的内幕商战故事!了解美国支付市场的风云巨变
	中外并购名著专业阅读指南 叶兴平 等著	在 5000 多本并购类图书中精选的 200 著作,在阅读的基础上写的读书评价	精挑细选 200 本并一一评介,省去读者挑选的烦恼,快捷、高效
	新三板信息披露全流程:操作与工具 和珩科技 著	详细拆解董秘日常工作过程中所需的信息披露流程	董秘案头必备用书
	成功并购 300 本:一本书搞定并购难题 浩德军师并购联盟 著	从财务,税务,法律等角度详细解答疑问	能解决 80% 的并购问题
	互联网时代的银行转型 韩友诚 著	以大量案例形式为读者全面展示和分析了银行的互联网金融转型应对之道	结合本土银行转型发展案例的书籍
房地产	产业园区/产业地产规划、招商、运营实战 阎立忠 著	目前中国第一本系统解读产业园区和产业地产建设运营的实战宝典	从认知、策划、招商到运营全面了解地产策划
	人文商业地产策划 戴欣明 著	城市与商业地产战略定位的关键是不可复制性,要发现独一无二的"味道"	突破千城一面的策划困局
	中国城市群房地产投资策略 吕俊博 著	全方位、多角度分析城市群房地产现状是趋势	让亿元资产投资更理性、更安全
	电影院的下一个黄金十年:开发·差异化·案例 李保煜 著	对目前电影院市场存大的问题及如何解决进行了探讨与解读	多角度了解电影院运营方式及代表性案例
能源	全能型班组:城市能源互联网与电力班组升级 国网天津市电力公司 编著	借鉴国内外优秀企业的转型升级思路,通过对于新型班组组织模式和运行机制的大胆设想,力图构建充分适应内外环境变化的全能型班组	看看庞大的国企在新环境下是如何顺应时代的
	国网天津电力全能型班组建设实务 国网天津市电力公司 编著	本书聚焦于天津电力公司在探索全能型班组转型升级时的优秀实践	电力行业的班组实践,具体、可操作性强

经营类:企业如何赚钱,如何抓机会,如何突破,如何"开源"

	书名．作者	内容/特色	读者价值
抓方向	让经营回归简单．升级版 宋新宇 著	化繁为简抓住经营本质:战略、客户、产品、员工、成长	经典,做企业就这几个关键点!
	混沌与秩序 I :变革时代企业领先之道 混沌与秩序 II :变革时代管理新思维 彭剑锋 尚艳玲 主编	汇集华夏基石专家团队 10 年来研究成果,集中选择了其中的精华文章编纂成册	作者都是既有深厚理论积淀又有实践经验的重磅专家,为中国企业和企业家的未来提出了高屋建瓴的观点
	活系统:跟任正非学当老板 孙行健 尹贤 著	以任正非的独到视角,教企业老板如何经营公司	看透公司经营本质,激活企业活力
	重构:快消品企业重生之道 杨永华 著	从 7 个角度,帮助企业实现系统性的改造	提供转型思想与方法,值得参考
	公司由小到大要过哪些坎 卢强 著	老板手里的一张"企业成长路线图"	现在我在哪儿,未来还要走哪些路,都清楚了
	企业二次创业成功路线图 夏惊鸣 著	企业曾经抓住机会成功了,但下一步该怎么办?	企业怎样获得第二次成功,心里有个大框架了
	老板经理人双赢之道 陈明 著	经理人怎养选平台、怎么开局,老板怎样选/育/用/留	老板生闷气,经理人牢骚大,这次知道该怎么办了

抓方向	简单思考:AMT 咨询创始人自述 孔祥云 著	著名咨询公司(AMT)的 CEO 创业历程中点点滴滴的经验与思考	每一位咨询人,每一位创业者和管理经营者,都值得一读
	企业文化的逻辑 王祥伍 黄健江 著	为什么企业绩效如此不同,解开绩效背后的文化密码	少有的深刻,有品质,读起来很流畅
	使命驱动企业成长 高可为 著	钱能让一个人今天努力,使命能让一群人长期努力	对于想做事业的人,'使命'是绕不过去的
思维突破	盈利原本就这么简单 高可为 著	从财务的角度揭示企业盈利的秘密	多方面解读商业模式与盈利的关系,通俗易懂,受益匪浅
	经营:打造你的盈利系统 高可为 著	从盈利角度梳理了系统化的经营方式	让企业掌舵者把控经营全局
	创模式:23 个行业创新案例 段传敏 著	23 位行业精英的创新对话	创业者、转型者的实战参考
	企业良性成长:用顶层设计突破瓶颈 刘建兆 著	全方位介绍企业顶层设计的方法和思路	帮助企业用顶层设计突破成长瓶颈
	移动互联新玩法:未来商业的格局和趋势 史贤龙 著	传统商业、电商、移动互联,三个世界并存,这种新格局的玩法一定要懂	看清热点的本质,把握行业先机,一本书搞定移动互联网
	画出公司的互联网进化路线图:用互联网思维重塑产品、客户和价值 李 蓓 著	18 个问题帮助企业一步步梳理出互联网转型思路	思路清晰、案例丰富,非常有启发性
	重生战略:移动互联网和大数据时代的转型法则 沈 拓 著	在移动互联网和大数据时代,传统企业转型如同生命体打算与再造,称之为"重生战略"	帮助企业认清移动互联网环境下的变化和应对之道
	创造增量市场:传统企业互联网转型之道 刘红明 著	传统企业需要用互联网思维去创造增量,而不是用电子商务去转移传统业务的存量	教你怎么在"互联网 +"的海洋中创造实实在在的增量
	7 个转变,让公司 3 年胜出 李 蓓 著	消费者主权时代,企业该怎么办	这就是互联网思维,老板有能这样想,肯定倒不了
	跳出同质思维,从跟随到领先 郭 剑 著	66 个精彩案例剖析,帮助老板突破行业长期思维惯性	做企业竟然有这么多玩法,开眼界
	互联网 +"变"与"不变":本土管理实践与创新论坛集萃·2016 本土管理实践与创新论坛 著	加速本土管理思想的孕育诞生,促进本土管理创新成果更好地服务企业、贡献社会	各个作者本年度最新思想,帮助读者拓宽眼界、突破思维
	消费升级:实践 研究(文集) 本土管理实践与创新论坛 著	38 位管理专家及 7 位学者的精华思想,从经营、管理、行业及思想研究四个方面阐述中国企业在消费升级下的实践与研究	思想启发,行业借鉴
财务	写给企业家的公司与家庭财务规划——从创业成功到富足退休 周荣辉 著	本书以企业的发展周期为主线,写各阶段企业与企业主家庭的财务规划	为读者处理人生各阶段企业与家庭的财务问题提供建议及方法,让家庭成员真正享受财富带来的益处
	互联网时代的成本观 程 翔 著	本书结合互联网时代提出了成本的多维观,揭示了多维组合成本的互联网精神和大数据特征,论述了其产生背景、实现思路和应用价值	在传统成本观下为盈利的业务,在新环境下也许就成为亏损业务。帮助管理者从新的角度来看待成本,进一步做好精益管理

	财报背后的投资机会 蒋 豹 著	以具体的公司案例分析,教你迅速看出财务报表与企业经营的关系、所反映的企业经营现状,从而找到投资机会	前四大会计所员工为读者解密财报,发现投资机会

管理类:效率如何提升,如何实现经营目标,如何"节流"

	书名.作者	内容/特色	读者价值
通用管理	让管理回归简单·升级版 宋新宇 著	从目标、组织、决策、授权、人才和老板自己层面教你怎样做管理	帮助管理抓住管理的要害,让管理变得简单
	让经营回归简单·升级版 宋新宇 著	从战略、客户、产品、员工、成长、经营者自身等七个方面,归纳总结出简单有效的经营法则	总结出的真正优秀企业的成功之道:简单
	让用人回归简单 宋新宇 著	从用人的原则、用人的难题与误区、用人的方法和用人者的修炼四大方面,总结出适合中小企业做好人才管理工作的法则	帮助管理者抓住用人的要害,让用人变得简单
	历史深处的管理智慧1:组织建设与用人之道 刘文瑞 著	对历史之典故、政事、人事、政制进行管理解析,鉴照企业人才的选用育留	推动理论与实践的对接,实现理性与情感的渗透,用中国话语说明管理智慧
	历史深处的管理智慧2:战略决策与经营运作 刘文瑞 著	对历史之典故、政事、人事、政制进行管理解析,鉴照企业战略设计与经营实践	推动理论与实践的对接,实现理性与情感的渗透,用中国话语说明管理智慧
	历史深处的管理智慧3:领导修炼与文化素养 刘文瑞 著	对历史之典故、政事、人事、政制进行管理解析,鉴照企业领导职业能力提升与文化修养	推动理论与实践的对接,实现理性与情感的渗透,用中国话语说明管理智慧
	管理的尺度 刘文瑞 著	对管理中的种种普遍性问题进行了批评	提高把握管理尺度的能力
	管理学在中国 刘文瑞 著	系统性介绍了管理学在中国的发展和演变	了解管理学在中国的发展脉络,更清晰理解管理学的本质
	看电影,懂管理 刘文瑞 著	16部经典电影,带你感悟管理智慧	能够帮助读者放松身心,驰骋想象,在不知不觉中增长智慧
	管理:以规则驾驭人性 王春强 著	详细解读企业规则的制定方法	从人与人博弈角度提升管理的有效性
	打造集成供应链:走出挂一漏十的改善困境 王春强 著	详解集成供应链全过程	帮助企业优化供应链管理
	用好骨干员工:关键人才培养与激励 王 敏 著	系统化分享关键人才打造与激励方法	企业能实现用人的最大化价值
	改变世界的管理学大师1:管理学的前世今生 刘文瑞 编著	介绍了古典管理学时期的大师事迹和思想	深入了解管理大师们的思想和智慧
	成为企业欢迎的咨询师 张国祥 著	从调研到落地,手把手教你咨询流程	不走弯路,方便直接的学到老咨询师的套路
	员工心理学超级漫画版 邢 雷 著	以漫画的形式深度剖析员工心理	帮助管理者更了解员工,从而更轻松地管理员工
	老板有想法,高层有干法:企业中的将帅之道 王清华 著	深入剖析老板与高管的异同	各司其职,各行其是,相辅相成
	分股合心:股权激励这样做 段磊 周剑 著	通过丰富的案例,详细介绍了股权激励的知识和实行方法	内容丰富全面、易读易懂,了解股权激励,有这一本就够了
	边干边学做老板 黄中强 著	创业20多年的老板,有经验、能写、又愿意分享,这样的书很少	处处共鸣,帮助中小企业老板少走弯路

	成为敏感而体贴的公司 王 涛 著	本书为作者对企业的观察和冥想的随笔记录。从生活中的一个现象入手,进而探索现象背后的本质	从全新角度认识公司
通用管理	中国企业的觉醒:正直 善良 成长 王 涛 著	围绕着企业人如何发生转化展开,对中国人、中国文化及由此导致的企业现状的观察和思考	企业除了要利润,还需要道德
	有意识的思考:轻松化解问题的7个思考习惯 王 涛 著	本书是对思想、思考过程、思考方式进行的细致观察	养成好的思考习惯,更深刻地看问题
	中国式阿米巴落地实践之从交付到交易 胡八一 著	本书主要讲述阿米巴经营会计,"从交付到交易",这是成功实施了阿米巴的标志	阿米巴经营会计的工作是有逻辑关联的,一本书就能搞定
	中国式阿米巴落地实践之激活组织 胡八一 著	重点讲解如何科学划分阿米巴单元,阐述划分的实操要领、思路、方法、技术与工具	最大限度减少"推行风险"和"摸索成本",利于公司成功搭建适合自身的个性化阿米巴经营体系
	中国式阿米巴落地实践之持续盈利 胡八一 著	把企业做成平台,企业才能做大(格局);把平台做成阿米巴,企业才能做强(专业);把阿米巴做成合伙制,企业才能做久(机制)	中国式阿米巴落地实践三部曲的最后一部,告诉你企业如何做大做强做久
	集团化企业阿米巴实战案例 初勇钢 著	一家集团化企业阿米巴实施案例	指导集团化企业系统实施阿米巴
	阿米巴经营的中国模式 李志华 著	让员工从"要我干"到"我要干",价值量化出来	阿米巴在企业如何落地,明白思路了
	欧博心法:好管理靠修行 曾 伟 著	用佛家的智慧,深刻剖析管理问题,见解独到	如果真的有'中国式管理',曾老师是其中标志性人物
	领导这样点燃你的下属 孟广桥 著	领导者如何才能让员工积极主动地工作?如何让你的员工和下属保持工作的热情,自动自发?看了这本书就知道	只要你希望手下的"兵将"永远充满工作的斗志,这本书将使你获益良多
流程管理	1. 用流程解放管理者 2. 用流程解放管理者2 张国祥 著	中小企业阅读的流程管理、企业规范化的书	通俗易懂,理论和实践的结合恰到好处
	跟我们学建流程体系 陈立云 著	畅销书《跟我们学做流程管理》系列,更实操,更细致,更深入	更多地分享实践,分享感悟,从实践总结出来的方法论
	人人都要懂流程 金国华 余雅丽 著	当前各企业流程管理方面最为典型的痛点现象及问题案例	通俗易懂,适合企业全员阅读
质量管理	IATF16949质量管理体系详解与案例文件汇编:TS16949转版IATF16949:2016 谭洪华	针对IATF的新标准做了详细的解说,同时指出了一些推行中容易犯的错误,提供了大量的表单、案例	案例、表单丰富,拿来就用
	五大质量工具详解及运用案例:APQP/FMEA/PPAP/MSA/SPC 谭洪华 著	对制造业必备的五大质量工具中每个的制作要求、注意事项、制作流程、成功案例等进行了解读	通俗易懂、简便易行,能真正实现学以致用
	ISO9001:2015新版质量管理体系详解与案例文件汇编 谭洪华 著	紧密围绕2015年新版质量管理体系文件逐条详细解读,并提供可以直接套用的案例工具,易学易上手	企业质量管理认证、内审必备
	ISO14001:2015新版环境管理体系详解与案例文件汇编 谭洪华 著	紧密围绕2015年新版环境管理体系文件逐条详细解读,并提供可以直接套用的案例工具,易学易上手	企业环境管理认证、内审必备

质量管理	ISO9001:2015 完整文件汇编:制造业 贺红喜 著	按照 ISO9001 标准并超出标准的要求,提供了一套完整的制造业的质量管理体系文件	原汁原味完整收入,直接可以拿来就用
	SA8000:2014 社会责任管理体系认证实战 吕 林 著	作者根据自己的操作经验,按认证的流程,以相关案例进行说明 SA8000 认证体系	简单,实操性强,拿来就能用
	精益质量管理实战工具 贺小林 著	制造类企业日常工作中所需要的精益管理工具的归纳整理,并进行案例操作的细致分析	可以直接参考,实际解决生产中的具体问题
战略落地	重生——中国企业的战略转型 施炜 著	从前瞻和适用的角度,对中国企业战略转型的方向、路径及策略性举措提出了一些概要性的建议和意见	对企业有战略指导意义
	公司大了怎么管:从靠英雄到靠组织 AMT 金国华 著	第一次详尽阐释中国快速成长型企业的特点、问题及解决之道	帮助快速成长型企业领导及管理团队理清思路,突破瓶颈
	低效会议怎么改:每年节省一半会议成本的秘密 AMT 王玉荣 著	教你如何系统规划公司的各级会议,一本工具书	教会你科学管理会议的办法
	年初订计划,年尾有结果:战略落地七步成诗 AMT 郭晓 著	7 个步骤教会你怎么让公司制定的战略转变为行动	系统规划,有效指导计划实现
人力资源	HRBP 是这样炼成的之"菜鸟起飞" 新海 著	以小说的形式,具体解析 HRBP 的职责,应该如何操作,如何为业务服务	实践者的经验分享,内容实务具体,形式有趣
	HRBP 是这样炼成的之中级修炼 新海 著	本书以案例故事的方式,介绍了 HRBP 在实际工作中碰到的问题和挑战	书中的 HR 解决方案讲究因时因地制宜、简单有效的原则,重在启发读者思考,可供各类企业 HRBP 借鉴
	HRBP 是这样炼成的之高级修炼 新海 著	以故事的形式,展现了 HRBP 工作者在职业发展路上的层层深入和递进	为读者提供 HRBP 在实际工作中遇到种种问题的解决方案
	新任 HR 高管如何从 0 到 1 黄渊明 著	全景式展现新任高管华丽转身全过程	助力新任高管安全着陆
	HR 的劳动法内参 李皓楠 著	100 个劳动法案例和分析	轻松掌握劳动法知识,方便运用
	把面试做到极致:首席面试官的人才甄选法 孟广桥 著	作者用自己几十年的人力资源经验总结出的一套实用的确定岗位招聘标准、提升面试官技能素质的简便方法	面试官必备,没有空泛理论,只有巧妙的实操技能
	人力资源体系与 e-HR 信息化建设 刘书生 陈 莹 王美佳 著	将作者经历的人力资源管理变革、人力资源管理信息化咨询项目方法论、工具和成果全面展现给读者,使大家能够将其快速应用到管理实践中	系统性非常强,没有废话,全部是浓缩的干货
	回归本源看绩效 孙 波 著	让绩效回顾"改进工具"的本源,真正为企业所用	确实是来源于实践的思考,有共鸣
	世界 500 强资深培训经理人教你做培训管理 陈 锐 著	从 7 大角度具体细致地讲解了培训管理的核心内容	专业、实用、接地气

人力资源	曹子祥教你做激励性薪酬设计 曹子祥 著	以激励性为指导,系统性地介绍了薪酬体系及关键岗位的薪酬设计模式	深入浅出,一本书学会薪酬设计
	曹子祥教你做绩效管理 曹子祥 著	复杂的理论通俗化,专业的知识简单化,企业绩效管理共性问题的解决方案	轻松掌握绩效管理
	把招聘做到极致 远 鸣 著	作为世界 500 强高级招聘经理,作者数十年招聘经验的总结分享	带来职场思考境界的提升和具体招聘方法的学习
	人才评价中心·超级漫画版 邢 雷 著	专业的主题,漫画的形式,只此一本	没想到一本专业的书,能写成这效果
	走出薪酬管理误区 全怀周 著	剖析薪酬管理的 8 大误区,真正发挥好枢纽作用	值得企业深读的实用教案
	集团化人力资源管理实践 李小勇 著	对搭建集团化的企业很有帮助,务实,实用	最大的亮点不是理论,而是结合实际的深入剖析
	我的人力资源咨询笔记 张 伟 著	管理咨询师的视角,思考企业的 HR 管理	通过咨询师的眼睛对比很多企业,有启发
	本土化人力资源管理 8 大思维 周 剑 著	成熟 HR 理论,在本土中小企业实践中的探索和思考	对企业的现实困境有真切体会,有启发
企业文化	36 个拿来就用的企业文化建设工具 海融心胜 主编	数十个工具,为了方便拿来就用,每一个工具都严格按照工具属性、操作方法、案例解读划分,实用、好用	企业文化工作者的案头必备书,方法都在里面,简单易操作
	企业文化建设超级漫画版 邢 雷 著	以漫画的形式系统教你企业文化建设方法	轻松易懂好操作
	华夏基石方法:企业文化落地本土实践 王祥伍 谭俊峰 著	十年积累、原创方法、一线资料,和盘托出	在文化落地方面真正有洞察,有实操价值的书
	企业文化的逻辑 王祥伍 著	为什么企业之间如此不同,解开绩效背后的文化密码	少有的深刻,有品质,读起来很流畅
	企业文化激活沟通 宋柠宸 安 琪 著	透过新任 HR 总经理的眼睛,揭示出沟通与企业文化的关系	有实际指导作用的文化落地读本
	在组织中绽放自我:从专业化到职业化 朱仁健 王祥伍 著	个人如何融入组织,组织如何助力个人成长	帮助企业员工快速认同并投入到组织中去,为企业发展贡献力量
	企业文化定位·落地一本通 王明胤 著	把高深枯燥的专业理论创建成一套系统化、实操化、简单化的企业文化缔造方法	对企业文化不了解,不会做?有这一本从概念到实操,就够了
生产管理	精益思维:中国精益如何落地 刘承元 著	笔者二十余年企业经营和咨询管理的经验总结	中国企业需要灵活运用精益思维,推动经营要素与管理机制的有机结合,推动企业管理向前发展
	300 张现场图看懂精益 5S 管理 乐 涛 编著	5S 现场实操详解	案例图解,易懂易学
	高员工流失率下的精益生产 余伟辉 著	中国的精益生产必须面对和解决高员工流失率问题	确实来源于本土的工厂车间,很务实
	车间人员管理那些事儿 岑立聪 著	车间人员管理中处理各种"疑难杂症"的经验和方法	基层车间管理者最闹心、头疼的事,'打包'解决

生产管理	1. 欧博心法:好管理靠修行 2. 欧博心法:好工厂这样管 曾伟 著	他是本土最大的制造业管理咨询机构创始人,他从400多个项目、上万家企业实践中锤炼出的欧博心法	中小制造型企业,一定会有很强的共鸣
	欧博工厂案例1:生产计划管控对话录 欧博工厂案例2:品质技术改善对话录 欧博工厂案例3:员工执行力提升对话录 曾伟 著	最典型的问题、最详尽的解析,工厂管理9大问题27个经典案例	没想到说得这么细,超出想象,案例很典型,照搬都可以了
	工厂管理实战工具 欧博企管 编著	以传统文化为核心的管理工具	适合中国工厂
	苦中得乐:管理者的第一堂必修课 曾伟 编著	曾伟与师傅大愿法师的对话,佛学与管理实践的碰撞,管理禅的修行之道	用佛学最高智慧看透管理
	比日本工厂更高效1:管理提升无极限 刘承元 著	指出制造型企业管理的六大积弊;颠覆流行的错误认知;掌握精益管理的精髓	每一个企业都有自己不同的问题,管理没有一剑封喉的秘笈,要从现场、现物、现实出发
	比日本工厂更高效2:超强经营力 刘承元 著	企业要获得持续盈利,就要开源和节流,即实现销售最大化,费用最小化	掌握提升工厂效率的全新方法
	比日本工厂更高效3:精益改善力的成功实践 刘承元 著	工厂全面改善系统有其独特的目的取向特征,着眼于企业经营体质(持续竞争力)的建设与提升	用持续改善力来飞速提升工厂的效率,高效率能够带来意想不到的高效益
	3A顾问精益实践1:IE与效率提升 党新民 苏迎斌 蓝旭日 著	系统的阐述了IE技术的来龙去脉以及操作方法	使员工与企业持续获利
	3A顾问精益实践2:JIT与精益改善 肖志军 党新民 著	只在需要的时候,按需要的量,生产所需的产品	提升工厂效率
	化工企业工艺安全管理实操 黄娜 编著	化工企业工艺安全管理全指导	帮助企业树立安全意识,强化安全管理方法
	手把手教你做专业的生产经理 黄娜 著	物流、信息流、资金流,让生产经理管理有抓手	从菜鸟到能把控全局
员工素质提升	TTT培训师精进三部曲(上):深度改善现场培训效果 廖信琳 著	现场把控不用慌,这里有妙招一用就灵	课程现场无论遇到什么样的情况都能游刃有余
	TTT培训师精进三部曲(中):构建最有价值的课程内容 廖信琳 著	这样做课程内容,学员有收获培训师也有收获	优质的课程内容是树立个人品牌的保证
	TTT培训师精进三部曲(下):职业功力沉淀与修为提升 廖信琳 著	从内而外提升自己,职业的道路一帆风顺	走上职业TTT内训师的康庄大道
	培训师,如何让你的事业长青:自我管理的10项法则 廖信琳 著	建立了一套完整的培训师自我管理体系,为培训师的职业成长与发展提供有益的指引	培训师如何在自己的职业道路上越走越高,事业长青,一直有所收获与成长?本书将给你答案
	管理咨询师的第一本书:百万年薪 千万身价 熊亚柱 著	从问题出发,发现问题、分析问题、解决问题,让两眼一抹黑的新人快速成长	管理咨询师初入职场,让这本书开启百万年薪之路

	书名·作者	内容/特色	读者价值
员工素质提升	手把手教你做专业督导:专卖店、连锁店 熊亚柱 著	从督导的职能、作用,在工作中需要的专业技能、方法,都提供了详细的解读和训练办法,同时附有大量的表单工具	无论是店铺需要统一培训,还是个人想成为优秀的督导,有这一本就够了
	跟老板"偷师"学创业 吴江萍 余晓雷 著	边学边干,边观察边成长,你也可以当老板	不同于其他类型的创业书,让你在工作中积累创业经验,一举成功
	销售轨迹:一位快消品营销总监的拼搏之路 秦国伟 著	本书讲述了一个普通销售员打拼成为跨国企业营销总监的真实奋斗历程	激励人心,给广大销售员以力量和鼓舞
	在组织中绽放自我:从专业化到职业化 朱仁健 王祥伍 著	个人如何融入组织,组织如何助力个人成长	帮助企业员工快速认同并投入到组织中去,为企业发展贡献力量
	企业员工弟子规:用心做小事,成就大事业 贾同领 著	从传统文化《弟子规》中学习企业中为人处事的办法,从自身做起	点滴小事,修养自身,从自身的改善得到事业的提升
	手把手教你做顶尖企业内训师:TTT培训师宝典 熊亚柱 著	从课程研发到现场把控、个人提升都有涉及,易读易懂,内容丰富全面	想要做企业内训师的员工有福了,本书教你如何抓住关键,从入门到精通
	28天速成文案高手 秦士 安丽 著	解构优秀品牌和出彩文案背后的逻辑,28天循序渐进成为文案高手	让优质文案变成"智慧工厂"般的工序管理与稳定出品
	让投诉顾客满意离开:客户投诉应对与管理 孟广桥 著	立足于投诉处理的实践,剖析了不同投诉者投诉的特点和应对措施,并提供各种技巧方法、赢得客户信赖所需培养的品质修炼、处理投诉应掌握的法律法规等工具	是投诉处理人员适应岗位职能需要、提升工作技能的良师益友,是企业变诉为金、培养业务骨干的法宝

营销类:把客户需求融入企业各环节,提供"客户认为"有价值的东西

	书名·作者	内容/特色	读者价值
营销模式	精品营销战略 杜建君 著	以精品理念为核心的精益战略和营销策略	用精品思维赢得高端市场
	变局下的营销模式升级 程绍珊 叶宁 著	客户驱动模式、技术驱动模式、资源驱动模式	很多行业的营销模式被颠覆,调整的思路有了!
	动销操盘:节奏掌控与社群时代新战法 朱志明 著	在社群时代把握好产品生产销售的节奏,解析动销的症结,寻找动销的规律与方法	都是易读易懂的干货!对动销方法的全面解析和操盘
	弱势品牌如何做营销 李政权 著	中小企业虽有品牌但没名气,营销照样能做的有声有色	没有丰富的实操经验,写不出这么具体、详实的案例和步骤,很有启发
	老板如何管营销 史贤龙 著	高段位营销16招,好学好用	老板能看,营销人也能看
	洞察人性的营销战术:沈坤教你28式 沈坤 著	28个匪夷所思的营销怪招令人拍案叫绝,涉及商业竞争的方方面面,大部分战术可以直接应用到企业营销中	各种谋略得益于作者的横向思维方式,将其操作过的案例结合其中,提供的战术对读者有参考价值
	动销:产品是如何畅销起来的 吴江萍 余晓雷 著	真真切切告诉你,产品究竟怎么才能卖出去	击中痛点,提供方法,你值得拥有
	1000 铁杆女粉丝 张兵武 著	连接是女性与生俱来的特质。能善用连接的营销人员,就像拿到打开女性荷包的钥匙	重新认识女性的传播力量
	360°谈营销:一位营销咨询师20年实战洞察 王清华 古怀亮 著	各个角度,全方位,多视点剥营销	思路单一,此书帮你破

营销模式	营销按钮:扣动一触即发的力量 老苗 著	提供各种奇形怪状的营销武器	一定会带给你不一样的思维震撼
	孙子兵法营销战 刘文新 著	逐句解读孙子兵法,以及在营销方面的感悟	帮助营销人用智慧打营销仗
销售	资深大客户经理:策略准,执行狠 叶敦明 著	从业务开发、发起攻势、关系培育、职业成长四个方面,详述了大客户营销的精髓	满满的全是干货
	大客户销售这样说这样做 陆和平 著	大客户销售十大模块 68 个典型销售场景应对策略和话术,直接拿来就用	从"为什么要这么干"到"干什么、怎么干"
	成为资深的销售经理:B2B、工业品 陆和平 著	围绕"销售管理的六个关键控制点"——展开,提供销售管理的专业、高效方法	方法和技术接地气,拿来就用,从销售员成长为经理不再犯难
	销售是门专业活:B2B、工业品 陆和平 著	销售流程就应该跟着客户的采购流程和关注点的变化向前推进,将一个完整的销售过程分成十个阶段,提供具体方法	销售不是请客吃饭拉关系,是个专业的活计! 方法在手,走遍天下不愁
	向高层销售:与决策者有效打交道 贺兵一 著	一套完整有效的销售策略	有工具,有方法,有案例,通俗易懂
	学话术 卖产品 张小虎 著	分析常见的顾客异议,将优秀的话术模块化	让普通导购员也能成为销售精英
组织和团队	升级你的营销组织 程绍珊 吴越舟 著	用"有机性"的营销组织替代"营销能人",营销团队变成"铁营盘"	营销队伍最难管,程老师不愧是营销第 1 操盘手,步骤方法都很成熟
	用数字解放营销人 黄润霖 著	通过量化帮助营销人员提高工作效率	作者很用心,很好的常备工具书
	成为优秀的快消品区域经理(升级版) 伯建新 著	用"怎么办"分析区域经理的工作关键点,增加30%全新内容,更贴近环境变化	可以作为区域经理的"速成催化器"
	成为资深的销售经理:B2B、工业品 陆和平 著	围绕"销售管理的六个关键控制点"——展开,提供销售管理的专业、高效方法	方法和技术接地气,拿来就用,从销售员成长为经理不再犯难
	一位销售经理的工作心得 蒋军 著	一线营销管理人员想提升业绩却无从下手时,可以看看这本书	一线的真实感悟
	快消品营销:一位销售经理的工作心得2 蒋军 著	快消品、食品饮料营销的经验之谈,重点突出	来源于实战的精华总结
	销售轨迹:一位快消品营销总监的拼搏之路 秦国伟 著	本书讲述了一个普通销售员打拼成为跨国企业营销总监的真实奋斗历程	激励人心,给广大销售员以力量和鼓舞
	用营销计划锁定胜局:用数字解放营销人2 黄润霖 著	全方位教你怎么做好营销计划,好学好用真简单	照搬套用就行,做营销计划再也不头痛
	快消品营销人的第一本书:从入门到精通 刘雷 伯建新 著	快消行业必读书,从入门到专业	深入细致,易学易懂
产品	产品开发管理方法·流程·工具:从作坊式到规范化 任彭枞 著	产品研发管理体系全指导	既有工具,又能开拓思路
	新产品开发管理,就用 IPD(升级版) 郭富才 著	10 年 IPD 研发管理咨询总结,国内首部 IPD 专业著作	一本书掌握 IPD 管理精髓

	书名.作者	内容/特色	读者价值
产品	这样打造大单品: 案例 策略 方法 迪智成咨询团队 著	囊括十三个不同行业、企业的实际案例,从不同角度详细剖析,总结了这些品牌厂家打造大单品的成功经验或者失败教训	厘清大单品打造的策划与路径,得出持续经营的思路与方法
	研发体系改进之道 靖爽 陈年根 马鸣明 著	提出一套系统性的方法与工具	指引企业少走弯路,提高成功率
	资深项目经理这样做新产品开发管理 秦海林 著	以IPD为思想,系统讲解新产品开管理的细节	提供管理思路和实用工具
	产品炼金术Ⅰ:如何打造畅销产品 史贤龙 著	满足不同阶段、不同体量、不同行业企业对产品的完整需求	必须具备的思维和方法,避免在产品问题上走弯路
	产品炼金术Ⅱ:如何用产品驱动企业成长 史贤龙 著	做好产品、关注产品的品质,就是企业成功的第一步	必须具备的思维和方法,避免在产品问题上走弯路
品牌	中小企业如何建品牌 梁小平 著	中小企业建品牌的入门读本,通俗、易懂	对建品牌有了一个整体框架
	采纳方法:破解本土营销8大难题 朱玉童 编著	全面、系统、案例丰富、图文并茂	希望在品牌营销方面有所突破的人,应该看看
	中国品牌营销十三战法 朱玉童 编著	采纳20年来的品牌策划方法,同时配有大量的案例	众包方式写作,丰富案例给人启发,极具价值
	今后这样做品牌:移动互联时代的品牌营销策略 蒋军 著	与移动互联紧密结合,告诉你老方法还能不能用,新方法怎么用	今后这样做品牌就对了
	中小企业如何打造区域强势品牌 吴之 著	帮助区域的中小企业打造自身品牌,如何在强壮自身的基础上往外拓展	梳理误区,系统思考品牌问题,切实符合中小区域品牌的自身特点进行阐述
渠道通路	深度分销:掌控渠道价值链 施炜 著	制造商通过掌控渠道价值链,将管理触角延伸至零售层面及顾客现场,对市场根部精耕细作,从而挖掘需求,构筑区域市场尤其是三四级市场的竞争壁垒	深度分销是中国企业对世界营销的独特贡献。实践证明,互联网时代深度分销仍有生命力
	快消品营销与渠道管理 谭长春 著	将快消品标杆企业渠道管理的经验和方法分享出来	可口可乐、华润的一些具体的渠道管理经验,实战
	传统行业如何用网络拿订单 张进 著	给老板看的第一本网络营销书	适合不懂网络技术的经营决策者看
	采纳方法:化解渠道冲突 朱玉童 编著	系统剖析渠道冲突,21个渠道冲突案例、情景式讲解,37篇讲义	系统、全面
	学话术 卖产品 张小虎 著	分析常见的顾客异议,将优秀的话术模块化	让普通导购员也能成为销售精英
	向高层销售:与决策者有效打交道 贺兵一 著	一套完整有效的销售策略	有工具,有方法,有案例,通俗易懂
	通路精耕操作全解:快消品20年实战精华 周俊 陈小龙 著	通路精耕的详细全解,每一步的具体操作方法和表单全部无保留提供	康师傅二十年的经验和精华,实践证明的最有效方法,教你如何主宰通路

管理者读的文史哲·生活

	书名.作者	内容/特色	读者价值
思想·文化	德鲁克管理思想解读 罗珉 著	用独特视角和研究方法,对德鲁克的管理理论进行了深度解读与剖析	不仅是摘引和粗浅分析,还是作者多年深入研究的成果,非常可贵
	德鲁克与他的论敌们:马斯洛、戴明、彼得斯 罗珉 著	几位大师之间的论战和思想碰撞令人受益匪浅	对大师们的观点和著作进行了大量的理论加工,去伪存真、去粗存精,同时有自己独特的体系深度

思想·文化	德鲁克管理学 张远凤　著	本书以德鲁克管理思想的发展为线索,从一个侧面展示了20世纪管理学的发展历程	通俗易懂,脉络清晰
	王阳明"万物一体"论:从"身-体"的立场看(修订版) 陈立胜　著	以身体哲学分析王阳明思想中的"仁"与"乐"	进一步了解传统文化,了解王阳明的思想
	自我与世界:以问题为中心的现象学运动研究 陈立胜　著	以问题为中心,对现象学运动中的"意向性""自我""他人""身体"及"世界"各核心议题之思想史背景与内在发展理路进行深入细致的分析	深入了解现象学中的几个主要问题
	作为身体哲学的中国古代哲学 张再林　著	上篇为中国古代身体哲学理论体系奠基性部分,下篇对由"上篇"所开出的中国身体哲学理论体系的进一步的阐发和拓展	了解什么是真正原生态意义上的中国哲学,把中国传统哲学与西方传统哲学加以严格区别
	中西哲学的歧异与会通 张再林　著	本书以一种现代解释学的方法,对中国传统哲学内在本质尝试一种全新的和全方位的解读	发掘出掩埋在古老传统形式下的现代特质和活的生命,在此基础上揭示中西哲学"你中有我,我中有你"之旨
	治论:中国古代管理思想 张再林　著	本书主要从儒、法墨三家阐述中国古代管理思想	看人本主义的管理理论如何不留斧痕地克服似乎无法调解的存在于人类社会行为与社会组织中的种种两难和对立
	车过麻城　再晤李贽 张再林　著	系统全面而又简明扼要地展示了李贽独到的学术眼力和超拔的理论建树	帮助读者重新认识李贽的思想
	中国古代政治制度(修订版)上:皇帝制度与中央政府 刘文瑞　著	全面论证了古代皇帝制度的形成和演变的历程	有助于读者从政治制度角度了解中国国情的历史渊源
	中国古代政治制度(修订版)下:地方体制与官僚制度 刘文瑞　著	全面论证了古代地方政府的发展演变过程	有助于读者从政治制度角度了解中国国情的历史渊源
	中国思想文化十八讲(修订版) 张茂泽　著	中国古代的宗教思想文化,如对祖先崇拜、儒家天命观、中国古代关于"神"的讨论等	宗教文化和人生信仰或信念紧密相联,在文化转型时期学习和研究中国宗教文化就有特别的现实意义
	史幼波《大学》讲记 史幼波　著	用儒释道的观点阐释大学的深刻思想	一本书读懂传统文化经典
	史幼波《周子通书》《太极图说》讲记 史幼波　著	把形而上的宇宙、天地,与形而下的社会、人生、经济、文化等融合在一起	将儒家的一整套学修系统融合起来
	史幼波《中庸》讲记(上下册) 史幼波　著	全面、深入浅出地揭示儒家中庸文化的真谛	儒释道三家思想融会贯通
	梁涛讲《孟子》之万章篇 梁　涛　著	《万章》主要记录孟子与万章的对话,涉及孝道、亲情、友情、出仕为官等	作者的解读能帮助读者更好地理解孟子及儒学
	两晋南北朝十二讲(修订版) 李文才　著	作为一本普及性读物,作者尊重史实,运用"历史心理学"的叙事方法,分12个专题对两晋南北朝的历史进行阐述	让读者轻松了解两晋南北朝的历史
	每个中国人身上的春秋基因 史贤龙　著	春秋368年(公元前770-公元前403年),每一个中国人都可以在这段时期的历史中找到自己的祖先,看到真实发生的事件,同时也看到自己	长情商、识人心
	与《老子》一起思考:德篇 与《老子》一起思考:道篇 史贤龙　著	打通文史,回归哲慧,纵贯古今,放眼中外,妙语迭出,在当今的老子读本中别具一格	深读有深读的回味,浅尝有浅尝的机敏,可给读者不同的启发